Sucres ℕATURELS de première qualité

Lantic

LES SAVEURS DE MONTRÉAL
RECETTES DES RESTAURANTS LES PLUS FINS DE MONTRÉAL

FONDATION
DU CENTRE UNIVERSITAIRE DE SANTÉ McGILL
CUSM

MISSION
Santé de
la femme

LES SAVEURS DE **MONTRÉAL**
RECETTES DES RESTAURANTS LES PLUS FINS DE MONTRÉAL

Présidente et directrice de la rédaction
Karen Dubrofsky

Adjointes à la rédaction
Heidi Gossack-Majnemer, Donna Rabinovitch

Photographie
Fahri Yavuz
www.yavuzphoto.com

Analyse nutritionnelle
Janis Morelli, Anne Coughlin

Direction artistique
Julie Siciliano/Cassi Design
www.cassidesign.com

Conception et illustrations graphiques
Julie Siciliano et Maria Masella/Cassi Design

Révision et lecture d'épreuves du texte anglais
Knockout Communications

Traduction et révision du texte français
Marie Gouin, trad. a.

Dégustatrices
Karen Dubrofsky, Julie Siciliano, Donna Rabinovitch, Heidi Gossack-Majnemer, Maria Masella

Publicité et commandites
Karen Dubrofsky, la Fondation du CUSM

Pour obtenir des renseignements sur les exemplaires personnalisées, les ventes spéciales, les primes et les achats par les entreprises, communiquer avec la Fondation du CUSM au 514 931-5656 ou en ligne à **www.fondationcusm.com**.

ISBN 978-0-9783843-1-9

Imprimé au Canada par Transcontinental

Un message aux chefs amateurs : Les saveurs de Montréal est une œuvre de passion créée grâce à une collaboration très étroite entre les meilleurs chefs à Montréal et un groupe de bénévoles dévoués. Bien que tous les efforts aient été faits pour que les recettes nées de l'imagination de ces chefs soient reproduites avec exactitude dans ces pages, nous espérons que vous pardonnerez toute omission ou erreur. Les photos sont incluses pour vous inspirer et elles ne sont pas nécessairement une représentation exacte des recettes telles qu'elles ont été rédigées.

La Fondation du Centre universitaire de santé McGill (CUSM) vous remercie d'avoir acheté *Les saveurs de Montréal* et d'appuyer ainsi les soins contre le cancer à la mission Santé de la femme du CUSM.

La réalisation de ce projet est due à une recette infaillible : des bénévoles engagés qui mettent leur créativité et leur talent au service d'une cause qui les passionne. La Fondation du CUSM s'efforce par tous les moyens d'appuyer le Centre universitaire de santé McGill dans sa mission d'assurer l'excellence en matière de soins, d'enseignement et de recherche médicale, mais elle ne peut pas réussir sans le soutien et la participation de la collectivité. Pour savoir comment vous pouvez faire un don, devenir bénévole ou participer aux travaux de la Fondation du CUSM et de la campagne *Les meilleurs soins pour la vie*, visitez le site Web **www.fondationcusm.com**.

Encore une fois, merci de votre appui et bon appétit…

Donat J. Taddeo
Président-directeur général

FONDATION
DU CENTRE UNIVERSITAIRE DE SANTÉ McGILL
CUSM

MISSION
Santé de
la femme

Les saveurs de Montréal représente la réalisation d'un vieux rêve. Comme je suis passionnée de bonne cuisine, j'ai toujours apprécié les choix illimités et la cuisine de qualité internationale que nous offrent les nombreux chefs talentueux de Montréal. L'occasion de visiter ces chefs dans leurs cuisines, de découvrir certaines de leurs recettes exclusives et de les partager avec des gens qui ont une passion pour les aliments me semblait presque trop belle pour être vraie.

En même temps, je voyais ce livre de recettes comme un moyen de contribuer de manière significative à une cause qui me tient à cœur : le traitement des femmes atteintes de cancer. J'espère sincèrement que la vente de ce livre nous permettra de faire un don substantiel à la mission Santé de la femme du Centre universitaire de santé McGill. Tous les bénéfices serviront à acheter de l'équipement pour améliorer la qualité des soins que le personnel talentueux et dévoué du CUSM dispense aux femmes.

De nombreuses heures et beaucoup d'efforts ont été consacrés à la production de ce livre, mais sa réalisation n'aurait pas été possible sans la participation de nombreux collaborateurs exceptionnels. Je dois avant tout remercier les grands chefs de notre ville, qui ont réagi très favorablement à notre idée. Ils ont partagé leurs recettes uniques avec nous et nous ont accueillis chaleureusement dans leurs cuisines. C'est avec beaucoup de plaisir que j'ai rencontré ces professionnels extraordinaires, que je les ai regardés cuisiner, que j'ai été témoin de leurs longues heures de travail et que j'ai constaté leur enthousiasme pour leur art.

La collaboration de deux excellentes amies et bénévoles comme moi, Heidi Gossack-Majnemer et Donna Rabinovitch, a aussi été essentielle à la production de ce livre. Je remercie chaleureusement ces femmes engagées pour les nombreuses heures qu'elles ont consacrées à ce projet, leur bonne humeur et leur précieux apport.

J'aimerais aussi remercier sincèrement notre excellent photographe, Farhi Yavuz, ainsi que notre directrice à la création Julie Siciliano et Flano Castelli de Cassi Design. Leurs talents sont illustrés clairement dans les pages de ce magnifique livre, mais la générosité qui a motivé ces trois personnes à donner de nombreuses heures à sa création est moins visible.

Je suis reconnaissante à Janis Marelli et Anne Coughlin du Service de nutrition clinique du CUSM qui ont effectué avec enthousiasme l'analyse nutritionnelle de chaque recette. Je veux aussi exprimer mes profonds remerciements à Don Taddeo de la Fondation du CUSM, à son personnel prévenant. J'aimerais aussi remercier tout spécialement l'équipe du Bureau de gestion de projets, services techniques et planification du CUSM de tous les efforts qu'elle a déployés.

Sur le plan personnel, je remercie de tout cœur mon mari Lionel et mes enfants Andrew, Lisa et Philip d'avoir supporté patiemment mon absence pendant les nombreuses heures que j'ai consacrées à ce livre. Je vous aime beaucoup.

Enfin, merci à vous, nos lecteurs, de votre contribution. Non seulement pourrez vous préparer dans votre cuisine des mets provenant des meilleurs restaurants à Montréal, mais vous partagerez aussi, je l'espère, ma fierté d'appuyer une grande cause.

Ce livre de recettes m'a appris que la clé d'une cuisine délicieuse est d'utiliser des ingrédients très frais, de cuisiner avec passion et imagination et de suivre une excellente recette. J'espère que *Les saveurs de Montréal* vous inspirera autant que sa création m'a passionnée.

La conceptrice de *Les saveurs de Montréal*,
Karen Korzinstone Dubrofsky
Montrealcooks@gmail.com

directrice
de la rédaction
présidente

Comme diététistes cliniques au Centre universitaire de santé McGill, nous aidons les patients à comprendre la relation entre leur régime alimentaire et leurs troubles médicaux. Nous leur enseignons aussi à faire des choix appropriés selon leurs besoins individuels. Par conséquent, l'occasion de préparer les analyses nutritionnelles pour les recettes exquises proposées dans *Les saveurs de Montréal* représentait une diversion que nous avons accueillie avec enthousiasme.

Comme nous le disons souvent à nos patients, bien s'alimenter veut dire manger une grande variété d'aliments équilibrés, préparer des repas aux portions raisonnables, donner la préférence aux ingrédients frais et, avant tout, savourer le plaisir de manger, surtout en compagnie de bons amis ou de sa famille. Les chefs talentueux qui ont partagé leurs créations culinaires pour *Les saveurs de Montréal* adhèrent aussi à ces idéaux et ont fourni des recettes pouvant être incluses dans un régime alimentaire qui tient compte de ces principes. Bien que certaines recettes soient appropriées pour les repas de tous les jours, d'autres devraient être réservées aux occasions spéciales. Dans les deux cas, nous espérons que les analyses vous aideront à faire des choix informés quand vous inclurez ces délices épicuriens dans votre répertoire de repas sensationnels.

Bon appétit!

Janis Morelli
Directrice
Service de nutrition clinique
Le Centre universitaire de santé McGill
(Hôpitaux pour adultes)

Anne Coughlin
Directrice adjointe
Service de nutrition clinique
Le Centre universitaire de santé McGill
(Hôpitaux pour adultes)

À titre de coprésidentes de la mission Santé de la femme de la campagne *Les meilleurs soins pour la vie*, nous voulons remercier chaleureusement Karen, Heidi et Donna pour leur créativité, leur engagement et leur énergie inépuisable, qui ont permis de réaliser *Les saveurs de Montréal*, et d'avoir choisi de remettre les bénéfices de cette œuvre de passion à la mission Santé de la femme du CUSM.

Dans le cadre de la campagne *Les meilleurs soins pour la vie*, visant à recueillir 300 millions de dollars pour le CUSM, nous tentons aussi d'augmenter la somme de 15 millions de dollars qui a été réservée aux besoins actuels et futurs de la mission Santé de la femme. Ce total est ambitieux, mais nous savons que les milliers de femmes traitées par les professionnels dévoués du CUSM en ont besoin et le méritent.

Des projets comme *Les saveurs de Montréal* nous inspirent et nous encouragent tandis que nous travaillons pour aider le CUSM à prodiguer les meilleurs soins possible aux femmes et à leurs familles. Ce livre est une véritable célébration de la vie et de la santé, et nous vous invitons à porter un toast à la mission Santé de la femme tandis que vous savourez ces plats délectables.

Maryse Bertrand
Coprésidente de la mission
Santé de la femme

Pierrette Wong
Coprésidente de la mission
Santé de la femme

La mission Santé de la femme, l'une des sept missions centrales du Centre universitaire de santé McGill, occupe une place importante dans notre institution. Comme la recherche le démontre de plus en plus, les besoins des femmes en matière de santé sont distincts et nécessitent une approche différente en ce qui a trait aux soins, approche qui se concentre non seulement sur l'excellence en médecine de la reproduction, mais aussi sur les symptômes particuliers et les traitements dont les femmes ont besoin pour des troubles comme les maladies cardiovasculaires, l'ostéoporose, la dépression ou le cancer. Le CUSM est une des quelques institutions au Canada qui offrent une approche intégrée et multidisciplinaire pour une vaste gamme de services destinés aux femmes, leur dispensant des soins adaptés et novateurs à tous les stades de leur vie.

Tandis que nous nous efforçons de prodiguer les meilleurs soins aux femmes et que le réaménagement de nos installations aux campus Glen et de la Montagne tire à sa fin, il est encourageant de recevoir le soutien de bénévoles comme Karen Dubrofsky et son équipe. *Les saveurs de Montréal* est un projet formidable qui allie les plaisirs de la table à la satisfaction d'aider une très bonne cause. Au nom du CUSM et de la mission Santé de la femme, nous vous remercions d'avoir acheté ce livre et d'appuyer ainsi la santé de la femme dans notre collectivité, tant maintenant que pour les générations futures.

Dr Arthur T. Porter
Président-directeur général
Le Centre universitaire de santé McGill

Dr Seang-Lin Tan
Chef de la mission Santé de la femme
Le Centre universitaire de santé McGill

Table des matières

Entrées

Thon à nageoires jaunes accompagné de bok choy miniature, de YUZU et de sauce soya sucrée

450 g (1 lb) de thon

Sel de mer et poivre du moulin

65 ml (¼ tasse) de graines de sésame blanches

65 ml (¼ tasse) de graines de sésame noires

250 ml (1 tasse) d'huile d'olive ou d'huile de pépins de raisin

1 gousse d'ail émincée

15 ml (1 c. à soupe) de gingembre émincé mariné

6 bok choy miniatures, cuits à la vapeur jusqu'à tendreté

Zeste d'orange, mélisse-citronnelle fraîche où gingembre mariné pour décorer

Sauce chili (facultatif)

SAUCE :

190 ml (¾ tasse) de jus de yuzu ou de jus de pamplemousse

60 ml (4 c. à soupe) de sauce soya sucrée

60 ml (4 c. à soupe) de mirin

60 ml (4 c. à soupe) d'huile de pépins de raisin

30 ml (2 c. à soupe) d'huile de sésame

30 ml (2 c. à soupe) de gingembre mariné

15 ml (1 c. à soupe) de sauce Num Plum ou de sauce d'huîtres

2 ml (½ c. à thé) de Sambek Olek ou de pâte de piments

Pour préparer la sauce, fouetter tous les ingrédients ensemble dans un bol à mélanger de format moyen et réserver. Saler et poivrer le thon. Dans un bol peu profond, mélanger les graines de sésame blanches et noires. Enrober le thon de graines de sésame (pour un plat plus épicé, badigeonner le thon de sauce chili avant de l'enrober de graines).

Verser l'huile dans une poêle de taille moyenne (elle devrait avoir environ 6 mm (¼ po) de profondeur) et chauffer à feu moyen. Saisir le thon de tous les côtés, environ une minute par côté (très peu d'huile sera absorbée). Retirer de la poêle et couvrir de papier d'aluminium pour garder au chaud.

Retirer presque toute l'huile de la poêle. Faire revenir l'ail et le gingembre mariné pendant environ 2 minutes à feu moyen. Ajouter le bok choy miniature et cuire 2 minutes de plus. Pour servir, déposer le bok choy au centre de chaque assiette. Couper le thon en tranches de 6 mm (¼ po) et disposer en éventail sur le bok choy. Arroser d'un filet de sauce et saupoudrer de garniture. Le reste de la sauce peut être utilisé comme vinaigrette ou versé sur du riz.

6 portions

Thon à nageoires jaunes et bok choy : par portion (336 g), calories 220, lipides totaux 12 g, lipides saturés 2 g, cholestérol 30 mg, sodium 210 mg, glucides totaux 8 g, fibres 4 g, sucres 1 g, protéines 23 g

Sauce : par portion (30 g), calories 70, lipides totaux 6 g, lipides saturés 0,5 g, cholestérol 0 mg, sodium 210 mg, glucides totaux 3 g, fibres 0 g, sucres 2 g, protéines 0 g

VIN SUGGÉRÉ :

Cabernet Sauvignon Founder's Estate Beringer
Représenté par : Maxxium

Yuzu

Cerf

Carpaccio de cerf en croûte de poivre avec huile de basilic et ciboulette

340 g (12 oz) de cerf dans la cuisse

Poivre noir du moulin, en quantité suffisante
pour couvrir le cerf

15 ml (1 c. à soupe) plus 125 ml (½ tasse) d'huile d'olive

125 ml (½ tasse) de feuilles de basilic frais

125 ml (½ tasse) de ciboulette fraîche

5 ml (1 c. à thé) de moutarde de Dijon

2 petits oignons verts hachés

100 g (3½ oz) de parmesan, coupé en fines lamelles

Eau pour faire bouillir

Pour préparer le cerf, mettre 15 ml (1 c. à soupe) d'huile dans une poêle et chauffer à feu moyen-vif. Pendant que l'huile chauffe, couvrir le cerf de poivre. Saisir rapidement la viande de tous les côtés, en s'assurant de la garder bleue. Retirer la viande de la poêle, déposer sur une assiette allant au congélateur et mettre au congélateur pour environ 15 à 20 minutes (la viande devrait être ferme, mais pas congelée).

Pendant que le cerf est au congélateur, faire bouillir l'eau et blanchir le basilic et la ciboulette pendant environ 10 secondes. Égoutter et mettre les herbes dans un bain de glace pour qu'elles conservent leur belle couleur verte. Égoutter encore une fois. Mettre le basilic et la ciboulette dans un mélangeur et réduire en purée avec le reste de l'huile d'olive et la moutarde. Si le mélange est trop épais, ajouter une petite quantité d'eau. Retirer le cerf du congélateur et trancher finement. Répartir la viande dans 4 assiettes, arroser d'un filet d'huile au basilic et à la ciboulette et garnir des oignons verts et des fines lamelles de parmesan.

Substitution : du filet de bœuf peut être utilisé plutôt que du cerf.

4 portions

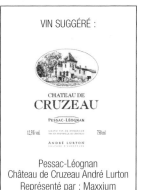

Carpaccio : par portion (65 g), calories 115, lipides totaux 6 g, lipides saturés 3 g, cholestérol 45 mg, sodium 230 mg, glucides totaux 1 g, fibres 0 g, sucres 1 g, protéines 29 g

Vinaigrette de basilic et ciboullette : par portion (30 g), calories 180, lipides totaux 20 g, lipides saturés 2,5 g, cholestérol 0 mg, sodium 20 mg, glucides totaux 0 g, fibres 0 g, sucres 0 g, protéines 0 g

Rouleaux de printemps aux champignons shiitake, gingembre et mangue sucrée

ROULEAUX DE PRINTEMPS :

5 ml (1 c. à thé) d'huile

115 g (4 oz) de champignons shiitake frais, tranchés

60 g (2 oz) de carottes en julienne

60 g (2 oz) de courgette verte en julienne

60 g (2 oz) de bok choy finement tranché

30 g (1 oz) de gingembre frais en julienne

Sel de mer et poivre blanc

4 grandes feuilles de riz

1 mangue mûre et ferme coupée en quatre

Graines de sésame noires pour la décoration

SAUCE :

125 ml (½ tasse) de sauce soya

15 ml (1 c. à soupe) de sauce d'huîtres

15 ml (1 c. à soupe) d'huile de sésame

Dans une poêle épaisse, chauffer l'huile à feu vif jusqu'à ce qu'elle fume. Faire revenir les champignons pendant 1 minute. Ajouter les carottes, les courgettes, le bok choy et le gingembre et bien mélanger pendant 2 minutes. Mettre le mélange de légumes dans un bol, saler et poivrer. Mettre au réfrigérateur jusqu'au moment de l'utiliser (les légumes peuvent être préparés la veille).

Tremper les feuilles de riz une à la fois dans un bol d'eau chaude jusqu'à ce qu'elles aient ramolli. Retirer de l'eau et assécher en tapotant. Mettre le quart du mélange de légumes sur chaque feuille de riz, recouvrir d'un quart de la mangue et rouler fermement, en pliant les côtés afin de fermer les bouts.

Pour préparer la sauce, fouetter les 3 ingrédients ensemble. Pour servir les rouleaux de printemps, les couper en deux et les disposer artistiquement sur l'assiette. Verser un filet de sauce autour des rouleaux et garnir de graines de sésame.

4 portions

Rouleaux de printemps : par portion (181 g), calories 50, lipides totaux 1,5 g, lipides saturés 0 g, cholestérol 0 mg, sodium 20 mg, glucides totaux 9 g, fibres 3 g, sucres 2 g, protéines 2 g

Sauce: par portion (30 g), calories 25, lipides totaux 2,5 g, lipides saturés 0 g, cholestérol 0 mg, sodium 1360 mg, glucides totaux 0 g, fibres 0 g, sucres 0 g, protéines 0 g

bok choy

VIN SUGGÉRÉ :

Chardonnay Carneros Benziger, Family Winery
Représenté par : Maxxium

Pieuvre grillée à la méditerranéenne

1 tentacule de pieuvre, environ 200 g (7 oz)

15 ml (1 c. à soupe) plus 2 ml (½ c. à thé) de vinaigre de vin rouge

Pincée de poivre noir en grains

Origan

30 ml (2 c. à soupe) de pois chiches cuits

3 feuilles de laurier frais

Sel de mer et poivre blanc

30 ml (2 c. à soupe) d'huile d'olive extra vierge

GARNITURE :

Poivrons rouges et jaunes, hachés

Oignon Vidalia en tranches minces

Aneth et persil frais hachés

Câpres

Chauffer le four à 260 °C (500 °F). Cuire la pieuvre au four sur une plaque avec 15 ml (1 c. à soupe) de vinaigre de vin rouge et le poivre noir en grains pendant 45 minutes, jusqu'à ce qu'elle soit partiellement cuite. Refroidir à la température ambiante.

Pendant que la pieuvre cuit, mélanger le reste du vinaigre, l'origan, le sel, le poivre et presque toute l'huile d'olive (le reste sera badigeonné sur la pieuvre) dans un petit bol.

Réchauffer le gril à feu vif. Badigeonner la pieuvre avec le reste de l'huile. Cuire sur le gril jusqu'à ce qu'elle soit chaude à l'intérieur, environ 5 minutes, en tournant à l'occasion. Trancher en rondelles de 6 mm (¼ po). Mélanger la pieuvre et les pois chiches avec la vinaigrette. Disposer sur un plat de service et garnir des poivrons, des oignons, de l'aneth, du persil et des câpres.

Note : la pieuvre peut être achetée dans des marchés de poisson spécialisés. Elle devrait être déjà attendrie.

2 portions

Par portion (128 g), calories 220, lipides totaux 15 g, lipides saturés 2 g, cholestérol 50 mg, sodium 230 mg, glucides totaux 4 g, fibres 0 g, sucres 0 g, protéines 15 g

VIN SUGGÉRÉ :

DOMAINE

Gerovassiliou

2006

Gerovassiliou Blanc - Epanomi
50 % Assyrtiko, 50 % Malagousia
Importé par : Cava Spiliadis

Calamari alla Luciana

250 ml (1 tasse) de couscous d'Israël

65 ml (¼ tasse) d'huile d'olive extra vierge

30 ml (2 c. à soupe) de pignons

30 ml (2 c. à soupe) de raisins secs

15 ml (1 c. à soupe) de flocons de piment rouge

65 ml (¼ tasse) de câpres

500 ml (2 tasses) de tomates cerises en conserve

680 g (1½ lb) de tubes de calmar,
nettoyés et coupés en rondelles de 6 mm (¼ po)

Sel casher et poivre noir du moulin

3 oignons verts tranchés finement

Préparer un bain de glace. Faire bouillir une petite casserole remplie d'eau salée. Ajouter le couscous et cuire pendant 2 minutes. Égoutter et plonger immédiatement dans le bain de glace. Quand le couscous est refroidi, égoutter et réserver.

Dans une poêle épaisse de 30 ou 35 cm (12 ou 14 po), chauffer l'huile à feu moyen-vif jusqu'à ce qu'elle commence à fumer. Ajouter les pignons, les raisins secs et les flocons de piments, faire revenir jusqu'à ce que les pignons soient dorés, environ 2 minutes. Ajouter les câpres, les tomates cerises et le couscous; amener à ébullition. Ajouter le calmar, bien mélanger et laisser mijoter de 2 à 3 minutes ou jusqu'à ce que le calmar soit cuit (il devrait être opaque). Saler et poivrer. Pour servir, mettre dans 4 bols et saupoudrer d'oignons verts.

4 portions

Par portion (382 g), calories 510, lipides totaux 19 g, lipides saturés 3 g,
cholestérol 395 mg, sodium 410 mg, glucides totaux 49 g, fibres 4 g, sucres 7 g, protéines 35 g

VIN SUGGÉRÉ :

Sieur d'Arques

La Bulle de Limoux
2003

VIN MOUSSEUX   SPARKLING WINE

Blanquette de Limoux
Appellation Blanquette de Limoux contrôlée

Méthode Traditionnelle

12 % alc./vol.   Brut   750 ml

SUD DE FRANCE
SOUTH OF FRANCE
PRODUCT OF FRANCE   PRODUIT DE FRANCE

Sieurs D'Arques
Représenté par :
Vins Philippe Dandurand inc.

calamari

Sashimi aromatisé de coriandre

340 g (12 oz) de flétan désossé et sans peau

20 ml (4 c. à thé) d'huile de sésame

Graines de sésame noires et pousses
biologiques miniatures pour la décoration

RÉDUCTION DE SAUCE SOYA
ET DE SIROP D'ÉRABLE :

65 ml (¼ tasse) de sirop d'érable

65 ml (¼ tasse) de sauce soya

VINAIGRETTE À LA CORIANDRE :

45 ml (3 c. à soupe) de coriandre fraîche hachée

15 ml (1 c. à soupe) de ciboulette hachée

15 ml (1 c. à soupe) d'échalotes hachées

45 ml (3 c. à soupe) d'huile d'olive

15 ml (1 c. à soupe) de sauce soya légère

2 ml (½ c. à thé) de zeste de citron

Jus de 1 citron

Dans une petite casserole, préparer la réduction de sauce soya et de sirop d'érable en faisant cuire les liquides à feu moyen jusqu'à l'obtention d'un sirop. Retirer du feu. Préparer la vinaigrette en mélangeant tous les ingrédients ensemble.

Trancher le poisson en filets de 3 mm (⅛ po) d'épaisseur et disposer sur une assiette de service. Dans une poêle épaisse, chauffer l'huile de sésame à feu vif. Arroser le poisson d'huile chaude pour le cuire rapidement. Arroser le poisson de vinaigrette et garnir de graines et de pousses de sésame. Pour la touche finale, napper de la réduction de sauce soya et de sirop d'érable.

Substitution : du basilic mentholé ou thaïlandais peut être utilisé plutôt que de la coriandre.

4 portions

Flétan : par portion (90 g), calories 130, lipides totaux 6 g, lipides saturés 1 g, cholestérol 25 mg, sodium 45 mg, glucides totaux 0 g, fibres 0 g, sucres 0 g, protéines 18 g
Vinaigrette à la coriandre : par portion (46 g), calories 100 g, lipides totaux 11 g, lipides saturés 1,5 g, cholestérol 0 mg, sodium 230 mg, glucides totaux 2 g, fibres 0 g, sucres 1 g, protéines 1 g

VIN SUGGÉRÉ :

Mousseux Grande Cuvée
Représenté par :
Les Agences Whitehall

Carpaccio de veau au vieux vinaigre de vin, salade biologique au moût de raisin, croquant de parmesan

340 g (12 oz) de longe de veau finement tranchée

100 g (3½ oz) de parmesan frais râpé

45 ml (3 c. à soupe) d'huile de pépins de raisin

30 ml (2 c. à soupe) de vieux vinaigre de vin (20 ou 40 ans)

2 échalotes finement émincées

Sel et poivre noir du moulin

4 petits bouquets de laitues biologiques

12 raisins, pelés

15 ml (1 c. à soupe) de moût de raisin
plus une petite quantité pour la décoration

Jus de ½ citron

Chauffer le four à 180 °C (350 °F). Préparer le parmesan en déposant le fromage sur une plaque à pâtisserie antiadhésive en 4 rondelles séparées. Cuire pendant environ 10 minutes. Laisser refroidir.

Pendant que le parmesan est au four, mélanger l'huile, le vinaigre, les échalotes, le sel et le poivre dans un petit bol pour faire une vinaigrette. Dans un autre bol, mélanger la salade avec les raisins, 15 ml (1 c. à soupe) de moût de raisin et le jus de citron.

Pour servir, disposer le veau sur l'assiette et recouvrir de salade. Placer le croustillant de fromage sur la salade et arroser de vinaigrette. Garnir de moût de raisin.

4 portions

Par portion (240 g), calories 360, lipides totaux 24 g, lipides saturés 8 g, cholestérol 85 mg, sodium 560 mg, glucides totaux 8 g, fibres 3 g, sucres 5 g, protéines 29 g

VIN SUGGÉRÉ :

Benjamin Brunel - Rasteau
Représenté par :
Réserve et Sélection

Carpaccio

Asperges vinaigrette

24 grosses asperges (bouts enlevés)

90 ml (6 c. à soupe) d'huile d'olive extra vierge

45 ml (3 c. à soupe) de vinaigre de vin rouge

1 échalote émincée

Sel et poivre noir du moulin

45 ml (3 c. à soupe)
de fromage Pecorino Romano râpé

Faire bouillir de l'eau dans une casserole de taille moyenne. Immerger les asperges dans l'eau pendant environ 5 minutes, jusqu'à ce qu'elles soient tendres mais fermes. Égoutter.

Dans un petit bol, mélanger ensemble l'huile, le vinaigre, les échalotes, le sel et le poivre. Disposer les asperges sur une assiette de service et napper de vinaigrette.

Saupoudrer de fromage.

4 portions

Par portion (149 g), calories 250, lipides totaux 24 g, lipides saturés 4,5 g, cholestérol 10 mg, sodium 140 mg, glucides totaux 5 g, fibres 1 g, sucres 2 g, protéines 6 g

Figues farcies au fromage Mahon et au jambon Serrano

4 figues fraîches

Huile d'olive

Sel et poivre noir du moulin

60 g (2 oz) de fromage Mahon

60 g (2 oz) de jambon Serrano en dés

30 g (1 oz) d'amandes en lamelles légèrement grillées

Sirop de fruit (facultatif)

Chauffer le four à 160 °C (325 °F). Placer les figues côté ventru sur le comptoir et pointe vers le haut; utiliser un couteau bien acéré pour faire deux incisions en croix de 6 mm (¼ po) de profondeur sur la pointe de la figue jusqu'à moitié du fruit environ. Arroser les figues d'un filet d'huile d'olive, saler et poivrer. Mettre dans le four sur une plaque de cuisson et cuire pendant 10 minutes.

Pendant que les figues cuisent, mélanger le fromage et le jambon dans un petit bol. Farcir les figues avec le mélange de fromage et de jambon. Remettre au four sous le gril. Retirer du four quand le fromage est fondu. Avant de servir, saupoudrer des amandes et arroser de sirop de fruit, si on le désire.

4 portions

Par portion (94 g), calories 160, lipides totaux 9 g, lipides saturés 3,5 g, cholestérol 25 mg, sodium 85 mg, glucides totaux 13 g, fibres 3 g, sucres 11 g, protéines 8 g

VIN SUGGÉRÉ :

HUNGARIA
Grande Cuvée
BRUT

Mousseux Grande Cuvée
Représenté par :
Les Agences Whitehall

Figue

Muffins à La Louisiane

625 ml (2½ tasses) de farine

125 ml (½ tasse) de semoule de maïs

22 ml (1½ c. à soupe) de levure chimique

127 ml (8½ c. à soupe) de beurre

30 ml (2 c. à soupe) de sucre

500 ml (2 tasses) de lait

65 ml (¼ tasse) de poivron rouge coupé en petits dés

65 ml (¼ tasse) de poivron vert coupé en petits dés

½ piment jalapeño, épépiné et coupé en petits dés

2 ml (½ c. à thé) d'ail émincé

8 ml (½ c. à soupe) d'échalote émincée

5 ml (1 c. à thé) de mélange d'épices La Louisiane (voir la page 159)

125 ml (½ tasse) de fromage cheddar râpé (facultatif)

Chauffer le four à 180 °C (350 °F). Dans un grand bol, bien mélanger la farine, la semoule de maïs et la levure chimique.

Dans un autre bol, crémer le beurre avec le sucre. Ajouter le lait en battant. Ajouter le reste des ingrédients; bien mélanger. Ajouter la farine et mélanger jusqu'à ce que la préparation soit homogène.

Déposer la pâte à la cuillère dans des moules à muffins miniatures. Mettre au four pendant 30 à 35 minutes.

48 muffins

Par portion (25 g), calories 60, lipides totaux 3 g, lipides saturés 2 g, cholestérol 10 mg, sodium 80 mg, glucides totaux 7 g, fibres 0 g, sucres 1 g, protéines 2 g

VIN SUGGÉRÉ :

VF
"Lasira"

RHÔNE VALLEY VINEYARDS
COSTIÈRES DE NÎMES
Appellation Costières de Nîmes Contrôlée
VIN ROUGE - RED WINE
Mis en bouteille par La Vieille Ferme - Orange - France
PRODUIT DE FRANCE - PRODUCT OF FRANCE
750 ml   13 % alc./vol.

Costières de Nîmes, "Lasira"
Représenté par : Le Marchand de Vin

Pain plat

2 kg (4,4 lb) de farine non blanchie ou 1,5 kg (3,3 lb) de farine plus 0,5 kg (1,1 lb) de semoule de blé tendre

20 ml (4 c. à thé) de sel

30 g (1 oz) de levure fraîche ou 15 g (½ oz) de levure séchée ou 8 g (¼ oz) de levure instantanée

1,33 L (5⅓ tasses) d'eau

75 ml (⅓ tasse) d'huile d'olive, plus une petite quantité pour badigeonner

10 ml (2 c. à thé) de sucre

Pincée chacun de cumin, de romarin, de thym, et d'origan séchés

Pincée de graines de sésame grillées

Chauffer le four à 230 °C (450 °F). Dans le bol d'un mélangeur, fouetter la farine et le sel. Dans un autre bol, verser la levure dans l'eau réchauffée à 38°C (100 °F). Ajouter la moitié de l'huile d'olive. La levure est prête à utiliser quand elle forme de la mousse, après 3 à 4 minutes. Si aucune mousse ne se forme, jeter le mélange et recommencer. Ajouter la levure au mélange de farine. En utilisant l'accessoire pour le pain du mélangeur, battre pendant 30 minutes, jusqu'à ce que la température augmente de 1,5 °C (3,1 °F). Ajouter le reste de l'huile et battre pendant 1 à 2 minutes de plus. Retirer la pâte du bol et faire 24 boules. Badigeonner chaque boule d'huile d'olive et couvrir avec une pellicule de plastique et un linge à vaisselle. Placer dans un endroit sec pendant environ 30 minutes. Le volume de la pâte devrait doubler.

Retirer la pellicule et le linge; pétrir la pâte deux fois (une pincée de farine sur les mains empêche la pâte de coller). Recouvrir de nouveau de la pellicule et du linge à vaisselle et laisser reposer 30 minutes de plus. Pour préparer la pâte pour la cuisson, former la pâte dans la forme désirée. Avec un couteau bien acéré, faire des entailles dans la pâte d'une extrémité à l'autre. Badigeonner d'huile d'olive. Saupoudrer de portions égales de cumin, de romarin, de thym, d'origan et de graines de sésame. Cuire au four environ 10 minutes.

Garnitures suggérées : salade avec prosciutto et réduction de vinaigre balsamique; fromage comme du parmesan, du fontana ou de la mozzarella di bufala; compote de pommes et de poivrons rouges; ou tomates cerises séchées au soleil et olives noires.

Note : selon la taille du mélangeur, la recette devra être divisée en deux ou en quatre.

24 pains

Par portion (317 g), calories 1150, lipides totaux 12 g, lipides saturés 1,5 g, cholestérol 0 mg, sodium 1160 mg, glucides totaux 219 g, fibres 9 g, sucres 3 g, protéines 33 g

VIN SUGGÉRÉ :

PINOT GRIS

Pinot Gris Bodega Lurton
Argentine JF Lurton
Représenté par : Maxxium

Orange et Pernod

Carpaccio de homard

4 homards entiers
(la recette utilise les queues seulement)

1 tête de fenouil coupée en 12 tranches

5 ml (1 c. à thé) de graines de moutarde
pour la décoration

Pincée de fleur de sel

SAUCE À L'ORANGE ET AU PERNOD :

1 L (4 tasses) de jus d'orange sans pulpe

60 ml (2 oz) de Pernod

30 ml (2 c. à soupe) de sucre

MIREPOIX :

1 carotte

1 branche de céleri

1 poireau, partie blanche seulement

1 oignon

2 brins chacun de thym, de persil et de ciboulette

Pour préparer la sauce, amener le jus d'orange, le Pernod et le sucre à ébullition. Réduire le liquide des trois quarts, ce qui devrait prendre de 15 à 20 minutes. Laisser refroidir, puis réfrigérer. La sauce peut être préparée la veille.

Insérer une brochette dans le sens de la longueur dans chaque homard pour que la queue reste droite. Amener une grande casserole d'eau et les ingrédients de la mirepoix à ébullition. Ajouter les homards et cuire pendant 7-12 minutes, jusqu'à ce qu'ils soient tendres. Mettre les homards dans l'eau froide pour les refroidir. Retirer les brochettes, enlever ensuite la queue du homard. Utiliser un couteau acéré pour couper entre la viande et la carapace d'un côté de la queue. Retirer la viande et trancher finement en biais. Réserver.

Cuire le fenouil à la vapeur pendant 2 minutes. Retirer du feu. Pour servir, mettre 3 tranches de fenouil sur chaque assiette et recouvrir de la viande de homard disposée en éventail. Arroser de sauce à l'orange et au Pernod, saupoudrer de fleur de sel et décorer avec les graines de moutarde.

4 portions

Carpaccio de homard : par portion (131 g), calories 90, lipides totales 0,5 g, lipides saturés 0 g, cholestérol 50 mg, sodium 310 mg, glucides totaux 5 g, fibres 2 g, sucres 0 g, protéines 16 g

Sauce à l'orange et au pernod : par portion (30 g), calories 20, lipides totaux 0 g, lipides saturés 0 g, cholestérol 0 mg, sodium 0 mg, glucides totaux 4 g, fibres 0 g, sucres 4 g, protéines 0 g

VIN SUGGÉRÉ :

Cavot Pinot Grigio Terrazze della Luna
Représenté par : Les Agences Whitehall

Pétoncles poêlés, purée de fenouil et émulsion de citron

LE CLUB
CHASSE
et PÊCHE

8 gros pétoncles frais

Fleur de sel

30 ml (2 c. à soupe) d'huile de pépins de raisin ou d'olive

Herbes décoratives

ZESTES DE CITRON CONFITS :

250 ml (1 tasse) de zestes de citron (à peu près 24 citrons sont requis)

Environ ½ tasse de sucre

Environ ½ tasse d'eau

CRÈME DE CITRON :

250 ml (1 tasse) de zestes de citron confits

250 ml (1 tasse) de crème 35 %

250 ml (1 tasse) de lait

PURÉE DE FENOUIL :

1 bulbe de fenouil coupé en dés

65 ml (¼ tasse) de crème 35 %

65 ml (¼ tasse) de lait

Sel et poivre noir du moulin

Pour préparer les zestes de citron confits, faire bouillir l'eau et blanchir 250 ml (1 tasse) de zestes de citron. Égoutter. Répéter deux fois, en utilisant de l'eau fraîche chaque fois. Mettre les zestes bien blanchis et égouttés dans une casserole et couvrir d'une quantité égale de sucre et d'eau. Amener le mélange à ébullition. Retirer du feu. Le mélange devrait avoir la consistance du sirop.

Pour faire la crème de citron, mettre les zestes de citron confits, la crème et le lait dans une casserole de taille moyenne et laisser mijoter à feu doux de 12 à 15 minutes. Réduire en purée au mélangeur.

Préparer la purée de fenouil en mettant le fenouil dans une casserole de taille moyenne avec la crème et le lait. Cuire à feu doux jusqu'à ce que le fenouil soit très tendre. Réduire en purée. Saler et poivrer au goût.

Chauffer une poêle épaisse jusqu'à ce qu'elle soit très chaude, sans qu'elle fume. Ajouter l'huile et attendre quelques secondes. Déposer les pétoncles dans la poêle et cuire un côté seulement jusqu'à ce qu'ils soient dorés. Transférer les pétoncles sur une serviette de papier. Badigeonner d'huile d'olive et saupoudrer de fleur de sel. Pour servir, mettre une cuillerée de purée sur l'assiette et recouvrir d'herbes décoratives et de pétoncles. Arroser d'un filet de crème de citron.

4 portions

Pétoncles : par portion (133 g), calories 170, lipides totaux 14 g, lipides saturés 5 g, cholestérol 35 mg, sodium 95 mg, glucides totaux 7 g, fibres 2 g, sucres 2 g, protéines 7 g

Crème de citron : par portion (30 g), calories 50, lipides totaux 4 g, lipides saturés 2,5 g, cholestérol 15 mg, sodium 10 mg, glucides totaux 3 g, fibres 0 g, sucres 3 g, protéines 1 g

Citron confits : par portion (30 g), calories 25, lipides totaux 0 g, cholestérol 0 mg, sodium 0 mg, glucides totaux 7 g, fibres 0 g, sucres 5 g, protéines 0 g

VIN SUGGÉRÉ :

BRUT L-P
DEPUIS 1812 SINCE
Laurent-Perrier
CHAMPAGNE
750 ml   12%vol

Laurent-Perrier Brut L-P
Représenté par :
Vins Philippe Dandurand inc.

Pétoncles poêlés

Champignons shiitake
braisés et asperges blanches

15 champignons shiitake secs

450 g (16 oz) d'asperges blanches parées

625 ml (2½ tasses) de bouillon de légumes

450 g (16 oz) de cœurs de feuilles
de moutarde, centre seulement

5 ml (1 c. à thé) d'huile végétale

5 ml (1 c. à thé) de sel

10 bok choy miniatures

7 ml (1½ c. à thé) d'huile de sésame

5 ml (1 c. à thé) de vin blanc

5 ml (1 c. à thé) de sauce soya

1 oignon vert haché

1 morceau de gingembre
de taille moyenne, émincé

2 ml (½ c. à thé) de sucre

5 ml (1 c. à thé) d'amidon de maïs

Faire tremper les champignons dans de l'eau tiède pendant plusieurs heures. Réserver jusqu'au moment de l'utiliser. Cuire les asperges à la vapeur dans 125 ml (½ tasse) de bouillon de légumes pendant 3 minutes. Égoutter et assécher. Disposer les asperges d'un côté d'un plat de service.

Couper les feuilles de moutarde en carrés de 5 cm (2 po) et blanchir dans l'eau bouillante pendant 10 secondes. Rincer à l'eau froide et égoutter. Dans le wok, à feu moyen-vif, cuire les feuilles de moutarde dans l'huile végétale et 250 ml (1 tasse) de bouillon de légumes. Assaisonner avec la moitié du sel. Cuire pendant 5 minutes. Égoutter et disposer de l'autre côté du plat de service.

Ajouter le bok choy miniature au wok et sauter jusqu'à ce qu'il soit tendre. Retirer et mettre dans le centre du plat de service, drapé sur les asperges et les feuilles de moutarde. Retirer les champignons de l'eau et ajouter au wok avec 250 ml (1 tasse) de bouillon de légumes, 5 ml (1 c. à thé) d'huile de sésame, le vin blanc, la sauce soya, l'oignon vert, le gingembre et le sucre. Cuire à la vapeur pendant 20 minutes. Égoutter le mélange de champignons en réservant le liquide. Disposer le mélange sur le bok choy au centre du plat de service. Chauffer le liquide réservé dans une casserole et assaisonner avec le reste du sel. Épaissir en fouettant l'amidon de maïs dans le mélange. Pour servir, arroser les légumes de 2 ml (½ c. à thé) d'huile de sésame et napper d'une quantité généreuse de bouillon de champignons.

4 à 6 portions

Par portion (321 g), calories 90, lipides totaux 2 g, lipides saturés 0 g, cholestérol 0 mg, sodium 600 mg, glucides totaux 15 g, fibres 5 g, sucres 3 g, protéines 5 g

Saumon mariné au jus de yuzu, pétoncle frais en coquille et caviar

4 pétoncles frais en coquille

200 g (7 oz) de saumon biologique finement tranché

2 échalotes émincées

15 ml (1 c. à soupe) de câpres

20 ml (4 c. à thé) d'huile d'olive

20 ml (4 c. à thé) de jus de yuzu
ou de jus de pamplemousse

40 g (⅓ oz) de caviar de corégone

Jeunes pousses de coriandre ou coriandre miniature

Ouvrir les pétoncles avec un couteau à huîtres, en prenant soin de ne pas endommager les coquilles. Retirer le pétoncle et réserver le liquide pour le mélange de saumon.

Dans un bol de taille moyenne, mélanger le saumon tranché, les échalotes, les câpres, l'huile d'olive, le jus de yuzu et le liquide des pétoncles.

Farcir les 4 coquilles du mélange de saumon et couvrir d'un pétoncle. Garnir d'un peu de caviar et de quelques jeunes pousses de coriandre.

4 portions

Par portion (96 g), calories 180, lipides totaux 10 g, lipides saturés 1,5 g, cholestérol 95 mg, sodium 260 mg, glucides totaux 3 g, fibres 0 g, sucres 1 g, protéines 18 g

VIN SUGGÉRÉ :

La Belle Terrasse
Chardonnay

WHITE WINE · VIN BLANC · PRODUCT OF FRANCE · PRODUIT DE FRANCE
720 ml   13% alc./vol.

Vin de Pays d'Oc,
Chardonnay La Belle Terrasse
Représenté par : Maxxium

Homard

Astako dolmadakia
Feuilles de vigne farcies de homard

1,1 kg (2½ lb) de homard en carapace

BOUILLON DE HOMARD :
1 carotte
3 branches de céleri
1 oignon
1 bulbe de fenouil
2 gousses d'ail
2 feuilles de laurier
Pincée de poivre en grains

FARCE :
1 oignon haché finement
1 botte d'oignons verts hachés
1 botte d'aneth frais haché
1 botte de persil frais haché
125 ml (½ tasse) de dates
hachées grossièrement
125 g (½ tasse) de pignons
750 g (3 tasses) de riz cru
Set et poivre noir du moulin

125 ml (½ tasse) d'huile d'olive
60 feuilles de vigne

SAUCE AVGOLEMONO :
4 œufs à la température ambiante, séparés
Jus de 3 citrons
500 ml (2 tasses) de bouillon
de homard réservé
Sel et poivre noir du moulin

Amener à ébullition 2 L (8 tasses) d'eau froide. Ajouter le homard et cuire pendant environ 8 minutes. Mettre dans l'eau froide 5 minutes pour arrêter la cuisson. Retirer la chair de la carapace. Quand la chair a refroidi, hacher finement et réserver. Garder les carapaces pour le bouillon. Pour préparer le bouillon, mettre les carapaces nettoyées dans une grande casserole avec tous les ingrédients du bouillon. Couvrir d'eau, amener à ébullition et laisser mijoter à couvert pendant 2 h 30. Filtrer dans une passoire fine et réserver, en gardant 500 ml (2 tasses) de bouillon dans un bol séparé pour la sauce avgolemono.

Pendant que le bouillon cuit, préparer la farce. Dans un grand bol, mélanger ensemble tous les ingrédients, sauf l'huile d'olive et les feuilles de vigne. Incorporer le homard haché. Réfrigérer jusqu'au moment de l'utilisation. Juste avant que le bouillon soit prêt, faire bouillir les feuilles de vigne dans l'eau pendant 8 à 10 minutes jusqu'à ce qu'elles soient molles, sans être détrempées. Bien égoutter.

Pour farcir les feuilles de vigne, aplatir les feuilles une à la fois, côté brillant en dessous. Mettre 5 ml (1 c. à thé comble) de farce au centre de la feuille. Replier les bords sur la farce et rouler fermement pour former un cylindre compact. Répéter en utilisant toute la farce. Mettre les feuilles de vigne dans une grande casserole en les serrant les unes contre les autres pour les empêcher d'ouvrir; empiler jusqu'à 3 couches d'épaisseur. Couvrir avec une assiette pour les empêcher de flotter. Ajouter le bouillon et l'huile d'olive, couvrir, allumer le brûleur à feu doux et cuire pendant 30 à 45 minutes ou jusqu'à ce que le riz ait absorbé le bouillon. Retirer de la casserole et disposer sur une assiette de service. Réserver au chaud. Pour préparer la sauce avgolemono, battre les blancs d'œuf en neige jusqu'à ce qu'ils soient presque fermes. Tout en continuant à brasser, ajouter les jaunes d'œuf, le jus de citron, le bouillon de homard réservé, le sel et le poivre. Servir les feuilles de vigne nappées de sauce avgolemono chaude. Ne pas couvrir pendant qu'elles sont chaudes sinon les œufs vont cuire.

Substitution : du bœuf, du veau, de l'agneau ou du poulet émincés peuvent être utilisés plutôt que du homard.

60 rouleaux

Par portion (44 g), calories 80, lipides totaux 3 g, lipides saturés 0 g, cholestérol 20 mg, sodium 40 mg, glucides totaux 11 g, fibres moins de 1 g, sucres 2 g, protéines 3 g

VIN SUGGÉRÉ :
GRAND VIN DE GRAVES
CHÂTEAU DE ROCHEMORIN
PESSAC-LÉOGNAN
ANDRE LURTON

Château de Rochemorin André Lurton
Représenté par : Maxxium

Salades

Médaillons de fromage de chèvre sur lit de feuilles vertes

SAUCE :

250 ml (1 tasse) d'eau

10 ml (2 c. à thé) d'amidon de maïs

500 ml (2 tasses) de sauce porto et framboises (du commerce)

Sel et poivre noir du moulin

SALADE :

2 médaillons de fromage de chèvre - 2,5 cm (1 po) d'épaisseur

5 ml (1 c. à thé) de pistaches moulues, plus une pincée pour décorer

5 ml (1 c. à thé) de miel

4 poignées de salade verte

Préchauffer le four à 230 °C (450 °F). Dans un petit bol, fouetter l'eau et l'amidon de maïs ensemble. Dans une casserole de taille moyenne, chauffer la sauce porto et framboises à feu doux jusqu'à ce qu'ils soient chauds. Ajouter le sel et le poivre. Tout en fouettant, ajouter le mélange d'eau et d'amidon de maïs. Porter à ébullition. Retirer immédiatement du feu.

Déposer les médaillons de fromage sur une plaque à pâtisserie. Couvrir chaque médaillon de la moitié des pistaches. Avec une cuillère, déposer la moitié du miel sur les pistaches et mettre au four. Retirer la plaque du four quand le fromage commence à fondre, environ 4 minutes. Pour servir, diviser la salade verte mélangée sur 2 assiettes et déposer le fromage sur le dessus. Arroser de sauce et saupoudrer de pistaches.

Substitution : une purée de framboises faite de fruits congelés passés au robot culinaire peut remplacer la sauce porto et framboises.

2 portions

Par portion (87 g), calories 120, lipides totaux 9 g, lipides saturés 6 g, cholestérol 20 mg, sodium 160 mg, glucides totaux 5 g, fibres 1 g, sucres 4 g, protéines 7 g

VIN SUGGÉRÉ :

MARLBOROUGH
Sauvignon Blanc
Oyster Bay
NEW ZEALAND

Sauvignon Blanc Marlbourough
OYSTER BAY WINERY
Représenté par : Maxxium

Pétoncles

Pétoncles poêlés et salade d'épinards au fenouil et à l'orange

125 ml (½ tasse plus 2 c. à soupe) d'huile d'olive extra vierge

12 gros pétoncles

Sel et poivre noir du moulin

30 ml (2 c. à soupe) de jus d'orange frais

30 ml (2 c. à soupe) de jus de citron frais

1 gros bulbe de fenouil tranché finement

170 g (6 oz) d'épinards frais

1 orange pelée et coupée en sections

Tomates cerises, coupées en deux, pour la décoration

Chauffer 30 ml (2 c. à soupe) d'huile d'olive dans une grande poêle épaisse antiadhésive jusqu'à ce qu'elle soit chaude, mais qu'elle ne fume pas. Entre-temps, saler et poivrer généreusement les pétoncles. Ajouter les pétoncles à la poêle et faire revenir des deux côtés jusqu'à ce qu'ils soient bien dorés et opaques au milieu, environ 3 minutes. Transférer sur une assiette et recouvrir de papier d'aluminium.

Pour préparer la vinaigrette, fouetter le reste de l'huile d'olive avec le jus d'orange et le jus de citron. Saler et poivrer au goût. Mettre le fenouil, les épinards et les sections d'orange dans un grand bol. Ajouter les trois quarts de la vinaigrette et mélanger. Diviser la salade dans 4 assiettes. Déposer 3 pétoncles sur chaque assiette et arroser d'un filet de vinaigrette. Décorer avec les tomates cerises.

4 portions

Par portion (222 g), calories 410, lipides totaux 34 g, lipides saturés 4,5 g, cholestérol 30 mg, sodium 230 mg, glucides totaux 15 g, fibres 5 g, sucres 4 g, protéines 13 g

VIN SUGGÉRÉ :

Cuvée Brut Prosecco d.o.c.
Carpenè Malvolti
Offert par : Italvine

Salade de betteraves grillées, de noix et de fromage de chèvre

450 g (1 lb) de betteraves variées
de même taille, rouges, jaunes ou bicolores

Salade verte mélangée, comme de jeunes épinards,
de la roquette et des feuilles des champs

250 ml (1 tasse) de noix de Grenoble grillées
(voir la note)

250 ml (1 tasse) de fromage de chèvre
non affiné comme le Tournevent

VINAIGRETTE :

125 ml (½ tasse) d'échalotes hachées

375 ml (1½ tasse) de porto

10 ml (2 c. à thé) de sucre

125 ml (½ tasse) de vinaigre de vin rouge

5 ml (1 c. à thé) de sel

315 ml (1¼ tasse) d'huile d'olive

Chauffer le four à 200 °C (400 °F). Envelopper les betteraves dans du papier d'aluminium, côté brillant à l'intérieur, et déposer sur un plateau de cuisson peu profond. Rôtir au four pendant 40 à 90 minutes ou jusqu'à ce qu'elles puissent être facilement percées avec la pointe d'un couteau. Retirer du four et laisser refroidir légèrement. Enfiler des gants de caoutchouc et frotter les betteraves pour les peler. Quand elles sont assez refroidies pour les manipuler, les trancher en quatre.

Pendant que les betteraves sont au four, préparer la vinaigrette. Mettre les échalotes dans une petite casserole et ajouter assez de porto pour couvrir. Réchauffer à feu moyen-vif, en remuant continuellement. Prendre soin de ne pas les brûler. Quand le porto est presque entièrement évaporé, retirer du feu et laisser refroidir. Réduire en purée au mélangeur avec le sucre, le vinaigre et le sel. Ajouter lentement l'huile d'olive jusqu'à ce que le mélange soit émulsifié. Pour servir, mélanger les betteraves et les salades et mettre dans un bol de service. Arroser de 15 à 30 ml (1 à 2 c. à soupe) de vinaigrette et garnir de noix grillées et de fromage de chèvre.

Note : dans le four chauffé à 200 °C (400 °F), faire griller les noix de Grenoble pendant 5 à 10 minutes en faisant attention de ne pas les brûler. La vinaigrette qui reste peut être conservée pour plus tard.

4 portions

Salade de betteraves grillées, de noix et de fromage de chèvre : par portion (223 g), calories 370, lipides totaux 29 g, lipides saturés 10 g, cholestérol 25 mg, sodium 300 mg, glucides totaux 16 g, fibres 5 g, sucres 8 g, protéines 17 g

Vinaigrette : par portion (30g), calories 90, lipides totaux 8 g, lipides saturés 1 g, cholestérol 0 mg, sodium 90 mg, glucides totaux 2 g, fibres 0 g, Sucres 2 g, protéines 0 g

VIN SUGGÉRÉ :

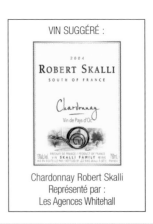

Chardonnay Robert Skalli
Représenté par :
Les Agences Whitehall

Crevettes

Salade d'épinards
et crevettes marinées

400 g (14 oz) de crevettes de Matane cuites

½ poivron rouge haché finement

½ poivron vert haché finement

½ poivron jaune haché finement

⅓ d'oignon espagnol haché finement

1 avocat coupé en cubes

10 ml (2 c. à thé) de graines de sésame noires

65 ml (¼ tasse) d'huile de sésame

10 ml (2 c. à thé) de vinaigre balsamique

Jus de 2 citrons

Sel et poivre noir du moulin

4 petites bottes d'épinards rincés et parés

Dans un grand bol, bien mélanger les 10 premiers ingrédients ensemble. Saler et poivrer au goût. Disposer les épinards sur 4 assiettes et recouvrir de la salade de crevettes.

4 portions

Par portion (281 g), calories 350, lipides totaux 23 g, lipides saturés 3,5 g, cholestérol 195 mg, sodium 320 mg, glucides totaux 14 g, fibres 6 g, sucres 3 g, protéines 24 g

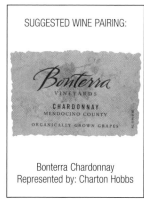

Salade grecque traditionnelle

estiatorio Milos

2 tomates mûries sur vigne coupées en morceaux

1 poivron vert tranché en languettes

¼ de concombre coupé en travers

½ oignon Vidalia en tranches minces

5 ml (1 c. à thé) d'origan séché

5 ml (1 c. à thé) de sel de mer

2 ml (½ c. à thé) de poivre noir du moulin

45 ml (3 c. à soupe) d'huile d'olive extra vierge

5 ml (1 c. à thé) de vinaigre de vin rouge

6 olives noires de Kalamata

2 tranches de fromage feta

Feuilles de basilic frais et
petits piments forts marinés pour la décoration

Combiner les tomates, les poivrons verts, les concombres et les oignons dans un bol avec l'origan, le sel et le poivre noir. Ajouter l'huile d'olive et le vinaigre et bien mélanger.

Disposer la salade sur une assiette et recouvrir d'olives, de feta et des garnitures.

2 portions

Par portion (312 g), calories 380, lipides totaux 33 g, lipides saturés 9 g, cholestérol 35 mg, sodium 1770 mg, glucides totaux 16 g, fibres 4 g, sucres 8 g, protéines 8 g

VIN SUGGÉRÉ :

OVILOS
REGIONAL WHITE WINE OF PANGEON
VIN BLANC DE PAYS DE PANGÉE
2006
PRODUCT OF GREECE / PRODUIT DE GRÈCE
750 ml - 13% alc./vol.

Ovilos Regional White - Kavala
50 % Assyrtiko, 50 % Semillon
Importé par : Cava Spiliadis

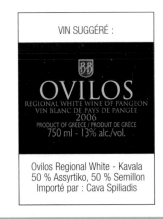

Salade de radicchio, d'endives, de pacanes et d'oranges

VINO ROSSO
RISTORANTE • CUISINE ITALIENNE

65 ml (¼ tasse) de pacanes grillées

½ radicchio tranché

1 endive coupée en travers

1 orange sucrée, pelée et séparée en sections

30 ml (2 c. à soupe) d'huile d'olive

15 ml (1 c. à soupe) de vinaigre balsamique

Sel et poivre noir du moulin

Ciboulette pour la décoration

Chauffer le four à 150 °C (300 °F). Sur une plaque à pâtisserie, griller les pacanes pendant 5 à 7 minutes. Laisser refroidir.

Mélanger le reste des ingrédients dans un bol. Ajouter les pacanes et mélanger de nouveau. Garnir de ciboulette.

4 portions

Par portion (186 g), calories 150, lipides totaux 12 g, lipides saturés 1,5 g, cholestérol 0 mg, sodium 30 mg, glucides totaux 10 g, fibres 6 g, sucres 4 g, protéines 3 g

VIN SUGGÉRÉ :

MAISON LOUIS LATOUR
2003

Grand Ardèche
CHARDONNAY
Louis Latour

Chardonnay Grand Ardèche
Louis Latour
Représenté par : Maxxium

Insalata orientale

450 g (1 lb) de laitues mélangées

45 ml (3 c. à soupe) de sauce soya

45 ml (3 c. à soupe) de miel

30 ml (2 c. à soupe) de vinaigre de vin rouge

125 ml (½ tasse) de beurre d'arachide

2 ml (½ c. à thé) de flocons de piment rouge

2 ml (½ c. à thé) de sel

2 ml (½ c. à thé) de poivre noir du moulin

60 ml (4 c. à soupe) d'huile végétale

Carottes en julienne et miettes de tempura pour la décoration

Rincer et assécher la laitue. Couper en morceaux de 5 cm (2 po).

Pour préparer la vinaigrette, fouetter tous les ingrédients ensemble sauf l'huile végétale. Tout en fouettant, ajouter lentement l'huile jusqu'à ce que les ingrédients soient bien mélangés. Mélanger avec la laitue et garnir de carottes et de miettes de tempura.

4 portions

Par portion (196 g), calories 390, lipides totaux 30 g, lipides saturés 4 g, cholestérol 0 mg, sodium 870 mg, glucides totaux 25 g, fibres 5 g, sucres 16 g, protéines 11 g

VIN SUGGÉRÉ :

Sogrape Reserva Douro blanc
Représenté par : Charton Hobbs

Salade
orientale

Crevettes

Salade d'endives, de crevettes nordiques, de gingembre et de mandarines, vinaigrette d'orange sanguine

cuisine inspirée

4 endives en julienne

1 concombre anglais pelé et tranché finement dans le sens de la longueur

2 oranges sanguines pelées et coupées en sections

Ciboulette hachée finement

225 g (8 oz) de crevettes nordiques décortiquées et déveinées

4 petites mandarines pelées et coupées en quatre

VINAIGRETTE :

Jus de 4 oranges sanguines

45 ml (3 c. à soupe) de gingembre pelé et haché

5 ml (1 c. à thé) de vinaigre de riz

Pincée de sel de mer et de poivre blanc

135 ml (½ tasse plus 1 c. à soupe) d'huile d'olive

Avant de préparer la vinaigrette, réserver 30 ml (2 c. à soupe) de jus d'orange sanguine. Mettre le reste du jus, le gingembre, le vinaigre de riz, le sel et le poivre dans le mélangeur. Pendant que le mélangeur fonctionne, verser en mince filet 125 ml (½ tasse) d'huile d'olive jusqu'à ce que le liquide soit émulsifié. Si la vinaigrette est trop épicée, ajouter un peu plus d'huile d'olive.

Dans un grand bol, mélanger les endives, le concombre, les sections d'orange sanguine et la ciboulette. Mélanger encore une fois avec la quantité de vinaigrette désirée. Disposer la salade sur une assiette de service.

Dans une poêle épaisse chauffée à feu vif, faire revenir les crevettes dans le reste de l'huile d'olive jusqu'à ce qu'elles soient dorées et tendres. Déglacer avec le jus d'orange sanguine réservé. Retirer du feu. Mettre à côté de la salade sur l'assiette de service. Disposer les mandarines autour des crevettes.

Substitution : des oranges ordinaires et une poignée de framboises peuvent être utilisées plutôt que les oranges sanguines.

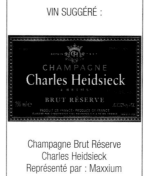

VIN SUGGÉRÉ :

CHAMPAGNE
Charles Heidsieck
BRUT RÉSERVE

Champagne Brut Réserve
Charles Heidsieck
Représenté par : Maxxium

4 portions

Par portion (973 g), calories 600, lipides totaux 36 g, lipides saturés 5 g, cholestérol 85 mg, sodium 200 mg, glucides totaux 54 g, fibres 23 g, sucres 27 g, protéines 20 g

Salade de betteraves rouges et jaunes et de crevettes

BETTERAVES :

3 betteraves rouges miniatures, entières

3 betteraves jaunes, entières

Huile de pépins de raisin pour badigeonner les betteraves

10 ml (2 c. à thé) de sucre ou de cassonade

VINAIGRETTE :

65 ml (¼ tasse) d'huile de pépins de raisin

45 ml (3 c. à soupe) de vinaigre balsamique blanc

15 ml (1 c. à soupe) de vinaigre balsamique infusé de citron ou de vinaigre Vino Cotto à la figue

Jus de betteraves réservé

Sel de mer et poivre du moulin

CREVETTES :

6 crevettes géantes tigrées, décortiquées et déveinées

375 ml (1½ tasse) de jeunes feuilles de roquette

1 avocat coupé en dés ou tranché

8 câpres

8 grosses olives noires de Kalamata

Tomates cerises rouges et jaunes, environ 6 de chaque couleur

Oignon rouge tranché pour la décoration

Placer la grille du four à la position du milieu et chauffer le four à 180 °C (350 °F). Badigeonner les betteraves rouges et jaunes d'huile de pépins de raisin, saupoudrer de sucre et envelopper dans du papier d'aluminium. Mettre les betteraves sur un plat de cuisson et cuire lentement au four pendant environ 40 minutes ou jusqu'à ce qu'elles soient tendres. Retirer du four et réserver le jus. Tandis que les betteraves sont encore chaudes, les peler (la pelure devrait s'enlever facilement). Quand elles sont assez refroidies pour les manipuler, couper chaque betterave en 6 quartiers.

Chauffer le gril à feu moyen-vif. Pendant que le gril chauffe, préparer la vinaigrette en fouettant l'huile, les vinaigres et le jus de betteraves réservé ensemble dans un petit bol. Saler et poivrer. Verser 30 ml (2 c. à soupe) de vinaigrette dans un autre bol et utiliser pour couvrir les crevettes. Faire griller les crevettes pendant environ 2 minutes par côté, en les tournant constamment pour éviter qu'elle noircissent. Éviter la surcuisson pour ne pas assécher les crevettes.

Dans un bol, mélanger les betteraves, la roquette, l'avocat, les câpres, les olives, les tomates et les crevettes grillées. Arroser de la quantité de vinaigrette désirée (en garder un peu pour ajouter à la dernière minute) et bien mélanger. Saler et poivrer au goût. Décorer de tranches d'oignon rouge et arroser du reste de la vinaigrette.

Note : porter des gants de cuisine pour peler les betteraves afin de ne pas se tacher les mains.

3 portions

Par portion (246 g), calories 290, lipides totaux 22 g, lipides saturés 3g, cholestérol 15 mg, sodium 370 mg, glucides totaux 21 g, fibres 8 g, sucres 10 g, protéines 6 g

VIN SUGGÉRÉ :

LES VIGNES RETROUVÉES

CÔTES DE SAINT-MONT

Les Vignes Retrouvées Blanc
Représenté par :
Les Agences Whitehall

Salade de crabe et de homard

570 g (1¼ lb) de homard cuit

250 ml (1 tasse) de crabe dormeur cuit

250 ml (1 tasse) de crabe bleu cuit

250 ml (1 tasse) de crabe des neiges cuit

15 ml (1 c. à soupe) de mayonnaise

15 ml (1 c. à soupe) de porto blanc

15 ml (1 c. à soupe) de câpres hachées

15 ml (1 c. à soupe) d'échalotes hachées finement

5 ml (1 c. à thé) de moutarde de Dijon

Jus de ½ citron

Sauce piri-piri ou Tabasco au goût

Pincée de ciboulette hachée

Croûtons grillés

HUILE DE PERSIL :

85 ml (⅓ tasse) de persil haché

170 ml (⅔ tasse) d'huile d'olive extra vierge

Couper les fruits de mer en petits morceaux. Mettre dans un grand bol, ajouter le reste des ingrédients et bien mélanger.

Assaisonner avec l'huile de persil, qui est faite en mélangeant tous les ingrédients (l'huile de persil se conserve pendant plusieurs mois au réfrigérateur; plus elle est gardée longtemps, plus la saveur est concentrée).

Accompagner la salade de croûtons grillés.

Note : si un de ces crabes n'est pas disponible, une seule sorte peut-être utilisée ou même du crabe en conserve.

4 à 6 portions

Par portion (224 g), calories 270, lipides totaux 8 g, lipides saturés 1 g, cholestérol 180 mg, sodium 820 mg, glucides totaux 3 g, fibres 0 g, sucres 1 g, protéines 43 g

VIN SUGGÉRÉ :

Pfaffenheim Gewurztraminer
Représenté par : Charton Hobbs

Salade de jus de grenade et de betteraves avec compote de pommes et de poivrons rouges

TOWNE HALL

SALADE :

1 grosse betterave

4 petites bottes de jeunes laitues mélangées

4 petites bottes de jeune roquette

170 g (6 oz) de fromage de chèvre à pâte dure

Huile d'olive extra vierge

Fleurs comestibles pour la décoration

SIROP DE GRENADE :

250 ml (1 tasse) de graines de grenade fraîches ou congelées, environ 2 grenades

250 ml (1 tasse) de jus de grenade

125 ml (½ tasse) de sucre

COMPOTE DE POMMES ET DE POIVRONS ROUGES :

30 ml (2 c. à soupe) de beurre

4 ou 5 pommes Granny Smith pelées et coupées en dés

1 poivron rouge coupé en dés

65 ml (¼ tasse) de porto blanc

65 ml (¼ tasse) de sucre

5 ml (1 c. à thé) de sel

5 ml (1 c. à thé) de poivre de cayenne

JUS DE BETTERAVES :

3 betteraves

250 ml (1 tasse) d'eau

1 brin chacun de romarin et de thym

Sel

Chauffer le four à 180 °C (350 °F). Pour préparer la salade, envelopper la grosse betterave dans du papier d'aluminium et la faire cuire au four pendant 45 à 60 minutes, jusqu'à ce qu'elle soit tendre. Lorsqu'elle a refroidi assez pour la manipuler, la peler et la trancher très finement. Entre-temps, préparer le sirop de grenade en faisant cuire tous les ingrédients à feu doux dans une casserole, à découvert, jusqu'à ce qu'ils soient réduits du tiers. Égoutter. Le mélange devrait avoir la consistance du miel. Pour préparer la compote, faire fondre le beurre à feu vif dans une poêle épaisse. Saisir les pommes et les poivrons pendant environ 3 minutes. Ajouter le reste des ingrédients et laisser mijoter environ 3 minutes jusqu'à ce que le sucre soit dissout. Les pommes et poivrons devraient être encore croquants. Refroidir en plaçant le plat dans un plateau d'eau glacée. Pour préparer le jus de betteraves, amener l'eau à ébullition dans une casserole et faire cuire les betteraves jusqu'à ce qu'elles soient tendres. Ajouter le romarin et le thym 5 minutes avant la fin de la cuisson. Réserver l'eau. Jeter le romarin et le thym. Quand les betteraves sont assez refroidies pour les manipuler, les peler et les réduire en purée dans le mélangeur. Passer au chinois deux fois. Combiner la purée de betterave et l'eau réservée dans une casserole, saler et faire bouillir jusqu'à consistance du sirop. Passer le sirop à travers un tamis ou une toile à fromage.

Pour servir, disposer les betteraves tranchées sur une assiette de service de manière à ce qu'elles se chevauchent. Avec une cuillère, déposer la compote sur les betteraves et couvrir de mesclun, de roquette et de fromage de chèvre. Arroser de la réduction de grenade, la réduction de betterave et l'huile. Garnir avec des fleurs comestibles.

4 portions

Compote : par portion (401 g), calories 480, lipides totaux 6 g, lipides saturés 3,5 g, cholestérol 15 mg, sodium 690 mg, glucides totaux 107 g, fibres 5 g, sucres 94 g, protéines 2 g
Salade : par portion (113 g), calories 170, lipides totaux 13 g, lipides saturés 9 g, cholestérol 35 mg, sodium 290 mg, glucides totaux 5 g, fibres 1 g, sucres 3 g, protéines 10 g

VIN SUGGÉRÉ :

VISIÓN

Cono Sur

PINOT NOIR

Pinot Noir Vision Cono Sur
Représenté par : Maxxium

Salade de tomates cerises grillées

4 vignes de tomates cerises, environ 6 tomates par vigne

2 oignons espagnols en tranches de 2,5 cm (1 po) d'épaisseur

30 ml (2 c. à soupe) d'huile d'olive

Sel et poivre noir du moulin

125 ml (½ tasse) de fromage feta émietté

5 ml (1 c. à thé) d'origan séché

Brin d'origan frais

Chauffer le four à 230 °C (450 °F). Laisser les tomates sur la vigne et les badigeonner d'huile d'olive; saler et poivrer.

Répéter avec les tranches d'oignon. Garder les oignons et les tomates sur la vigne séparés et les rôtir au four. Retirer les tomates après 8 minutes. Rôtir les oignons pendant 2 à 4 minutes de plus. Laisser refroidir.

Pour servir, disposer les tranches d'oignon sur une assiette de service et couvrir des tomates. Garnir de fromage feta émietté, d'origan sec et d'un brin origan. Arroser d'un filet d'huile d'olive.

4 portions

Par portion (183 g), calories 150, lipides totaux 11 g, lipides saturés 4 g, cholestérol 15 mg, sodium 220 mg, glucides totaux 10 g, fibres 2 g, sucres 4 g, protéines 4 g

VIN SUGGÉRÉ :

Merlot Reserva Colchagua Cono Sur
Représenté par : Maxxium

69

Salade caprese avec mozzarella di bufala et tomates sur vigne

2 tranches de pain aux olives

30 ml (2 c. à soupe) d'huile d'olive extra vierge

1 boule de 225 g (8 oz) de mozzarella di bufala coupée en 6 tranches

1 tomate sur vigne coupée en tranches

Sel et poivre noir du moulin

8 tomates cerises rouges et jaunes, coupées en quatre

1 oignon vert finement tranché

10 feuilles d'origan hachées

6 feuilles de basilic hachées

2 tranches de prosciutto, chacune tranchée en 4 languettes

Glace au vinaigre balsamique pour la décoration

Huile de ciboulette pour la décoration (facultatif)

Préchauffer le four à 180 °C (350 °F). Couper le pain en cubes. Dans un bol, mélanger les cubes de pain avec 15 ml (1 c. à thé) d'huile d'olive. Mettre les cubes de pain sur une plaque à biscuits et cuire au four pendant 5 à 10 minutes jusqu'à ce qu'ils soient croustillants. Réserver.

Disposer les tranches de mozzarella et de tomate autour du centre d'une assiette de service. Arroser d'un filet d'huile d'olive, saler et poivrer. Couvrir des tomates cerises, de l'oignon vert, de l'origan, du basilic et du prosciutto. Ajouter les croûtons chauds et arroser d'un filet de glace au vinaigre balsamique.

Décorer avec de l'huile de ciboulette, si on le désire.

3 portions

Par portion (169 g), calories 220, lipides totaux 9 g, lipides saturés 1,5 g, cholestérol 20 mg, sodium 720 mg, glucides totaux 11 g, fibres 3 g, sucres 2 g, protéines 24 g

VIN SUGGÉRÉ :

Orvieto Classico
Campogrande Antinori
Représenté par : Maxxium

Caprese

Soupes

Soupe aux nouilles et fruits de mer

750 ml (3 tasses) de fumet de poisson, fait maison si possible

10 ml (2 c. à thé) de bouillon de poisson

10 ml (2 c. à thé) de sauce hoisin

115 g (4 oz) de vermicelle, trempé dans l'eau selon le mode de cuisson sur l'emballage

10 moules dans leur coquille

4 palourdes dans leur coquille

2 crevettes décortiquées et déveinées

À feu vif, amener à ébullition le fumet de poisson, le bouillon et la sauce hoisin.

Ajouter le vermicelle, les moules et les palourdes et cuire jusqu'à ce que les coquillages s'ouvrent, environ 4 minutes (jeter ceux qui ne s'ouvrent pas). Ajouter les crevettes et cuire 2 minutes de plus. Mettre dans des bols et servir.

Note : si des pétoncles (déjà décortiqués) sont inclus dans la soupe, les ajouter en même temps que les crevettes.

2 portions

Par portion (531 g), calories 370, lipides totaux 6 g, lipides saturés 1,5 g, cholestérol 45 mg, sodium 900 mg, glucides totaux 48 g, fibres 2 g, sucres 4 g, protéines 30 g

VIN SUGGÉRÉ :

PINOT GRIS

Pinot Gris Pfaffenheim
Représenté par : Charton Hobbs

Aigre-piquante

Soupe au bœuf et au nouilles de riz aigre-piquante

3 champignons shiitake séchés

65 ml (¼ tasse) de pousses de bambou tranchées

1 filet mignon de 170 g (6 oz)

10 bok choy miniatures

65 ml (¼ tasse) d'huile végétale

10 ml (2 c. à thé) de sauce de piment fort et de fèves à la sichuanaise

10 ml (2 c. à thé) d'oignons verts hachés

10 ml (2 c. à thé) de sauce soya légère

1,5 L (6 tasses) de fond de volaille

5 ml (1 c. à thé) de sel

170 (6 oz) de nouilles de riz larges, cuites

10 ml (2 c. à thé) de vinaigre de riz chinois

5 ml (1 c. à thé) d'huile de sésame

5 ml (1 c. à thé) de poivre noir du moulin

Piments forts pour la garniture

Faire tremper les champignons et les pousses de bambou dans de l'eau chaude pendant plusieurs heures. Égoutter et couper en fines languettes. Cuire les languettes à la vapeur. Couper les bok choy miniatures en deux et cuire à la vapeur pendant 3 minutes. Réserver ces ingrédients.

Chauffer l'huile végétale à feu vif dans un wok. Incorporer la sauce de piment fort et de fèves et les oignons verts. Ajouter la sauce soya et le bouillon de poulet; amener à ébullition.

Laisser bouillir pendant environ 2 minutes. Saler. Ajouter le filet, les champignons, les pousses de bambou et le bok choy miniature. Ajouter les nouilles de riz et amener le tout à ébullition encore une fois. Réduire la chaleur et assaisonner avec un trait de vinaigre de riz et d'huile de sésame.

Servir avec une pincée de poivre et de piments forts en garniture.

Substitution : du tofu ou du poulet peut être utilisé plutôt que du bœuf.

2 à 6 portions

Par portion (345 g), calories 220, lipides totaux 17 g, lipides saturés 4,5g , cholestérol 20 mg, sodium 1230 mg, glucides totaux 10 g, fibres moins de 1 g , sucres 1g, protéines 7 g

VIN SUGGÉRÉ :

Vieilles Vignes

CHÂTEAU
PEYROS

MADIRAN
APPELLATION MADIRAN CONTRÔLÉE
MIS EN BOUTEILLE AU CHÂTEAU

Madiran Château Peyros
Représenté par : Maxxium

Soupe de carotte, de céleri rave et de poireau

15 ml (1 c. à soupe) de beurre non salé

125 ml (½ tasse) d'oignon finement tranché

250 ml (1 tasse) de poireau finement tranché et bien lavé

5 ml (1 c. à thé) de gingembre frais râpé

Fleur de sel

500 ml (2 tasses) de carottes pelées et finement tranchées

500 ml (2 tasses) de céleri rave pelé et haché grossièrement

250 ml (1 tasse) de persil haché

Pincée de thym frais haché

1,1 L (4½ tasses) de fond de volaille

60 ml (4 c. à soupe) de crème sure légère

8 pacanes hachées et grillées

Poivre noir du moulin

Fondre le beurre dans une grande casserole à feu moyen-vif. Ajouter les oignons et les poireaux et faire revenir jusqu'à ce qu'ils soient transparents. Ajouter le gingembre et le sel et cuire pendant 2 minutes de plus. Ajouter les carottes, le céleri rave, le persil, le thym et le bouillon et amener à ébullition.

Réduire la chaleur, couvrir la casserole et laisser la soupe mijoter jusqu'à ce que les légumes soient tendres, environ 30 à 40 minutes.

Retirer la casserole du feu et réduire le mélange en purée par lots dans le mélangeur. Remettre la soupe dans la casserole et laisser mijoter 2 minutes. Saler et poivrer. Servir la soupe dans des bols chauds, garnie de crème sure et de pacanes grillées.

Note : si la soupe est trop épaisse, ajouter un peu d'eau.

4 portions

Par portion (483 g), calories 160, lipides totaux 7 g, lipides saturés 3 g, cholestérol 15 mg, sodium 900 mg, glucides totaux 23 g, fibres 5 g, sucres 9 g, protéines 4 g

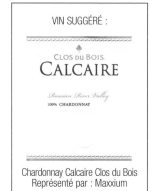

céleri rave

Glace de chou-fleur au caviar

cuisine inspirée

1 chou-fleur

30 ml (2 c. à soupe) d'huile d'olive

115 g (4 oz) d'échalotes émincées

500 ml (2 tasses) de fond de volaille

2 ml (½ c. à thé) de sel

2 ml (½ c. à thé) de poivre noir du moulin

65 ml (¼ tasse) de caviar de béluga

2 brins d'herbes fraîches au choix
pour la décoration

Couper le chou-fleur en petits morceaux. Dans une grande poêle épaisse, chauffer l'huile d'olive à feu vif et faire revenir les échalotes jusqu'à ce qu'elles ramollissent. Ajouter le fond de volaille, saler et poivrer. Continuer la cuisson jusqu'à ce que le mélange commence à bouillir. Ajouter le chou-fleur. Réduire à feu doux et continuer la cuisson pendant 15 à 20 minutes. Le chou-fleur doit être bien cuit et très mou. Retirer la poêle du feu.

En plusieurs fois, réduire la préparation en purée dans le mélangeur. Assaisonner de nouveau, au besoin. Verser le mélange dans un plat et mettre au congélateur pendant environ 2 heures. Retirer du congélateur et mélanger encore une fois pour briser les grumeaux. Le mélange devrait avoir la consistance d'une boisson frappée

Servir froid avec une cuillerée de caviar et une garniture d'herbes fraîches.

4 portions

Par portion (317 g), calories 150, lipides totaux 10 g, lipides saturés 1,5 g, cholestérol 75 mg, sodium 890 mg, glucides totaux 13 g, fibres 4 g, sucres 5 g, protéines 7 g

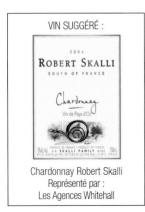

VIN SUGGÉRÉ :

Chardonnay Robert Skalli
Représenté par :
Les Agences Whitehall

Bisque de homard à l'américaine avec confit de fenouil et pétoncles de baie poêlés

4 pétoncles de baie géants

5 ml (1 c. à thé) de beurre

Sel et poivre

Caviar pour la décoration

CONFIT DE FENOUIL :

225 g (8 oz) de fenouil, tranché

5 ml (1 c. à thé) d'huile d'olive

Sel

Pincée de sucre

BISQUE :

15 ml (1 c. à soupe) de beurre

2 échalotes finement tranchées

2 champignons de Paris finement tranchés

250 ml (1 tasse) de brandy

250 ml (1 tasse) de vin de Madère

1,5 L (6 tasses) de fond de homard

BEURRE MANIÉ :

15 ml (1 c. à soupe) de beurre ramolli

30 ml (2 c. à soupe) de farine

Pour préparer le confit, mettre le fenouil dans une casserole avec l'huile d'olive, le sel et une pincée de sucre. Couvrir et cuire à feu doux pendant environ 20 minutes. Réserver jusqu'au moment de l'utiliser.

Pour préparer la bisque, fondre le beurre dans une marmite à feu moyen-vif. Faire revenir les échalotes jusqu'à ce qu'elles soient dorées, environ 3 minutes. Ajouter les champignons et continuer la cuisson jusqu'à ce qu'ils soient bien dorés (2 minutes de plus). Retirer du feu. Ajouter 190 ml (¾ tasse) de brandy et 190 ml (¾ tasse) de vin de Madère (le reste du brandy et du vin sera utilisé plus tard comme assaisonnement).

Remettre le mélange d'échalotes à feu vif et réduire le liquide de moitié. Ajouter le fond de homard et porter à ébullition. Réduire la chaleur et laisser mijoter à découvert pendant 15 à 20 minutes (un fond moins aromatisé devra cuire plus longtemps pour concentrer les saveurs). Écumer et jeter occasionnellement la mousse qui monte à la surface pendant que la bisque mijote.

Pour préparer le beurre manié, mélanger le beurre et la farine avec les doigts pour former une pâte veloutée. Presser la pâte sur le bout d'un fouet. Quand la bisque a une saveur forte, presque salée, fouettez-y le beurre manié jusqu'à ce qu'il soit dissout. Cuire 5 minutes supplémentaires à feu vif, en fouettant à l'occasion. Passer le mélange dans une passoire fine en pressant avec le dos d'une cuillère pour extraire tous les jus. Assaisonner avec le brandy et le vin réservés et garder au chaud.

Saler et poivrer les pétoncles. Dans une poêle antiadhésive, à feu moyen-vif, faire fondre le beurre et saisir les pétoncles des deux côtés jusqu'à ce qu'ils soient bien dorés. Mettre la bisque dans des bols peu profonds, déposer le confit de fenouil au centre, recouvrir d'un pétoncle tranché et d'une cuillerée de caviar. Servir immédiatement.

4 portions

Par portion (512 g), calories 380, lipides totaux 9 g, lipides saturés 4,5 g, cholestérol 25 mg, sodium 640 mg, glucides totaux 11 g, fibres 0 g, sucres 7 g, protéines 12 g

VIN SUGGÉRÉ :

Château de Rully Antonin Rodet
Représenté par : Maxxium

Bisque

Consommé aux champignons, aux fèves soya et à la coriandre

GLOBE

2 L (8 tasses) de bouillon de légumes, fait maison si possible

500 ml (2 tasses) de champignons shiitake

250 ml (1 tasse) d'edamames, fraîches ou congelées

15 ml (1 c. à soupe) de sauce soya faible en sodium

Sel et poivre noir du moulin

125 ml (½ tasse) de coriandre hachée

Chauffer le bouillon de légumes dans une casserole à feu moyen-vif et réduire la quantité du quart. Ajouter les champignons shiitake et continuer à réduire jusqu'à ce qu'il reste 1 L (4 tasses) de liquide. Ajouter les edamames et les faire cuire jusqu'à tendreté. Assaisonner de sauce soya, de sel et de poivre. Décorer avec la coriandre hachée.

4 portions

Par portion (590 g), calories 120, lipides totaux 3 g, lipides saturés 0 g, cholestérol 0 mg, sodium 810 mg, glucides totaux 18 g, fibres 4 g, sucres 1 g, protéines 6 g

VIN SUGGÉRÉ :

Domaine des SALICES
VIOGNIER
Jacques + François Lurton

Viognier Domaine des Salices
JF Lurton
Représenté par : Maxxium

Soupe de courge musquée grillée, pommes Granny Smith en julienne et huile de truffe blanche

225 g (8 oz) de courge musquée, coupée en morceaux

60 g (2 oz) de poireau coupé en dés (partie blanche seulement)

85 g (3 oz) de carottes coupées en dés

30 g (1 oz) d'oignon coupé en dés

15 ml (1 c. à soupe) de beurre

1 L (4 tasses) de fond de volaille frais

Pincée de muscade râpée

Pincée de cannelle en poudre

Sel et poivre noir du moulin

1 pomme Granny Smith non pelée, en julienne

Huile de truffe blanche

Dans une casserole de taille moyenne, faire revenir les courges, le poireau, les carottes et l'oignon dans le beurre. Ajouter le fond de volaille et, en utilisant une cuillère en bois, déglacer les légumes. Ajouter la muscade et la cannelle. Laisser mijoter jusqu'à ce que les légumes soient tendres, environ 20 minutes.

Dans un robot culinaire ou un mélangeur, réduire la soupe en purée en plusieurs fois. Saler et poivrer. Mettre la soupe dans des bols. Déposer les pommes en julienne au centre et arroser d'un filet d'huile de truffe.

4 portions

Par portion (374 g), calories 90, lipides totaux 3,5 g, lipides saturés 2 g, cholestérol 10 mg, sodium 730 mg, glucides totaux 16 g, fibres 3 g, sucres 8 g, protéines 2 g

VIN SUGGÉRÉ :

Les Vignes Retrouvées Blanc
Représenté par :
Les Agences Whitehall

Pâtes & riz

Tagliatelle aux champignons sauvages

30 ml (2 c. à soupe) d'huile d'olive

1/2 oignon de taille moyenne coupé en dés

2 grosses gousses d'ail écrasées

340 g (12 oz) de champignons frais mélangés, comme des pleurotes, des portobello et des crimini, équeutés

115 g (4 oz) de champignons porcini (cèpes) frais ou congelés

65 ml (¼ tasse) de vin blanc sec

125 ml (½ tasse) de bouillon de poulet

Sel et poivre noir du moulin

450 g (1 lb) de tagliatelle

30 ml (2 c. à soupe) de beurre non salé

1 botte de roquette

Huile de truffe pour arroser

30 ml (2 c. à soupe) de basilic haché

30 ml (2 c. à soupe) de persil haché

125 ml (½ tasse) de Parmigiano-Reggiano râpé

Chauffer l'huile à feu moyen-vif dans une grande poêle épaisse. Faire revenir l'oignon et l'ail jusqu'à ce qu'ils soient dorés. Ajouter les champignons et poursuivre la cuisson jusqu'à ce qu'ils soient caramélisés. Ajouter lentement le vin blanc, en grattant le fond de la poêle avec une cuillère en bois pour déglacer. Ajouter le bouillon de poulet et cuire à feu moyen jusqu'à ce que le mélange épaississe légèrement. Saler et poivrer au goût.

Faire cuire les pâtes dans une grande casserole d'eau bouillante en suivant le mode de cuisson sur l'emballage. Retirer du feu quand les pâtes sont tendres, mais encore fermes. Bien égoutter et ajouter à la sauce aux champignons dans la poêle, toujours à feu moyen. Ajouter le beurre et mélanger. Transférer les pâtes dans un grand bol et couvrir de roquette. Arroser d'un filet d'huile de truffe et décorer de basilic, de persil et de Parmigiano-Reggiano.

4 portions

Par portion (542 g), calories 850, lipides totaux 22 g, lipides saturés 10 g, cholestérol 40 mg, sodium 680 mg, glucides totaux 110 g, fibres 12 g, sucres 8 g, protéines 46 g

VIN SUGGÉRÉ :

Dardi Le Rose
Bussia
Barolo

PODERI COLLA

Barolo Bussia Dardi Le Rose
Poderi Colla
Représenté par : Maxxium

Risotto ai funghi porcini e tartufo bianco

750 ml (3 tasses) de bouillon de porcini,
de poulet ou de légumes

75 ml (5 c. à soupe) de beurre
à la température ambiante

½ oignon haché finement

115 g (4 oz) de champignons porcini frais,
coupés en dés

115 g (4 oz) de riz pour risotto

60 g (2 oz) de champignons porcini séchés,
trempés dans l'eau et ensuite coupés en dés

15 g (½ oz) de parmesan râpé

5 ml (1 c. à thé) d'huile de truffe blanche

Brins de thym frais pour la décoration

Dans une casserole, amener le bouillon à ébullition. Réserver. Dans une poêle profonde, faire fondre 45 ml (3 c. à soupe) de beurre à feu moyen. Faire revenir les oignons pendant 2 minutes, en remuant souvent pour que les oignons ne brûlent pas. Incorporer les porcini frais. Ajouter le riz et remuer pendant 2 à 3 minutes. Incorporer les porcini séchés.

Verser une généreuse louche de bouillon dans le mélange d'oignons et remuer lentement jusqu'à ce que le liquide soit absorbé. Répéter cette étape jusqu'à ce que le riz soit tendre et crémeux, environ 25 minutes. Retirer le riz du feu et ajouter le reste du beurre, le parmesan et l'huile de truffe. Bien mélanger. Décorer chaque portion avec un brin de thym frais.

2 portions en plat principal et 4 portions en accompagnement

Par portion (285 g), calories 320, lipides totaux 18 g, lipides saturés 10 g, cholestérol 40 mg, sodium 420 mg, glucides totaux 32 g, fibres 3 g, sucres 2 g, protéines 10 g

Saku Koivu

« Quand je vais chez Primo & Secondo, je commande toujours ce risotto. Les champignons et les truffes sont parfaits ensemble.»

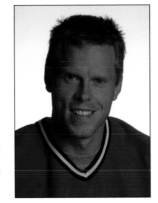

VIN SUGGÉRÉ :

BARBI

BRUNELLO
DI MONTALCINO
FATTORIA
dei BARBI

Brunello di Montalcino
Fattoria dei Barbi
Représenté par : Maxxium

Funghi

Risotto

Risotto aux poires et au gorgonzola

2 poires pelées et évidées

30 ml (2 c. à soupe) de beurre

1 petit oignon haché

30 ml (2 c. à soupe) d'huile végétale

250 ml (1 tasse) de riz pour risotto

150 ml (5 oz) de vin blanc sec

1 L (4 tasses) de bouillon de légumes

60 g (2 oz) de gorgonzola

60 g (2 oz) de parmesan

Sel et poivre noir du moulin

Ciboulette hachée pour la décoration

Couper quelques tranches minces de poires pour la décoration et couper le reste en cubes. Mettre 2 ml (1 c. à thé) de beurre dans une poêle, chauffer à feu moyen et dorer légèrement les cubes. Réserver. Ajouter les tranches de poires à la même poêle et dorer doucement. Réserver.

Dans une casserole à feu moyen, faire revenir l'oignon dans l'huile végétale jusqu'à ce qu'il soit bien doré. Réduire la chaleur à feu doux, ajouter le riz et cuire pendant une minute en brassant; s'assurer que le riz absorbe le liquide dans la poêle. Ajouter le vin et laisser évaporer. Ajouter assez de bouillon de légumes pour couvrir le riz et brasser jusqu'à ce que le bouillon soit absorbé. Répéter cette étape jusqu'à ce que tout le bouillon soit absorbé et que le riz soit crémeux. Environ 20 minutes avant de servir, ajouter les cubes de poires et le gorgonzola. Remuer jusqu'à ce que fromage soit fondu.

Retirer du feu et mélanger le reste du beurre et le parmesan. Saler et poivrer au goût.

Servir garni de tranches de poires et de ciboulette hachée.

4 portions

Par portion (498 g), calories 510, lipides totaux 22 g, lipides saturés 9 g, cholestérol 35 mg, sodium 170 mg, glucides totaux 58 g, fibres 4 g, sucres 15 g, protéines 14 g

VIN SUGGÉRÉ :

BAROLO

2003

FONTANAFREDDA

Fontanafredda Barolo DOCG
Représenté par :
Les Agences Whitehall

Jambalaya

Lalouisiane

15 ml (1 c. à soupe) d'huile

125 ml (½ tasse) de jambon fumé coupé en dés

125 ml (½ tasse) de saucisse coupée en dés

125 ml (½ tasse) de poulet coupé en dés

250 ml (1 tasse) de céleri haché

125 ml (½ tasse) d'oignon rouge haché

125 ml (½ tasse) de poivron rouge haché

125 ml (½ tasse) de poivron vert haché

5 ml (1 c. à thé) d'ail émincé

750 ml (3 tasses) de riz à long grain cru

375 ml (1½ tasse) de tomates en conserve

30 ml (2 c. à soupe) de mélange d'épices La Louisiane *(voir la page 159)*

1,5 L (6 tasses) de bouillon de poisson, veau ou poulet

115 g (4 oz) de crevettes décortiquées et déveinées

Chauffer le four à 200 °C (400 °F). Dans une grande poêle profonde allant au four, chauffer l'huile à feu moyen-vif et faire revenir le jambon, la saucisse et le poulet jusqu'à ce qu'ils soient bien dorés. Gratter le fond de la poêle pour empêcher la viande de coller.

Ajouter le céleri, l'oignon, le poivron rouge et vert et l'ail et faire revenir jusqu'à ce qu'ils soient tendres, mais encore fermes. Continuer à gratter le fond de la poêle pour empêcher les aliments de coller. Incorporer le riz, les tomates et le mélange d'épices. Ajouter le bouillon et réduire à feu moyen.

Couvrir la poêle avec du papier d'aluminium et mettre au four pendant 30 à 40 minutes, jusqu'à ce que presque tout le liquide ait été absorbé et que le riz soit tendre. Incorporer les crevettes pour les 5 dernières minutes de cuisson et couvrir jusqu'à ce qu'elles soient cuites.

6 à 8 portions

Par portion (395 g), calories 400, lipides totaux 9 g, lipides saturés 2,5 g, cholestérol 50 mg, sodium 780 mg, glucides totaux 62 g, fibres 2 g, sucres 4 g, protéines 18 g

épices jambon fumée

VIN SUGGÉRÉ :

CLOS DU BOIS.

CABERNET SAUVIGNON

Sonoma County

Cabernet-Sauvignon
Sonoma County Clos du Bois
Représenté par : Maxxium

Épices

Pâtes au homard

85 g (3 oz) de homard frais

15 ml (1 c. à soupe) d'huile d'olive

30 ml (2 c. à soupe) de tomates Roma fraîches hachées

30 ml (2 c. à soupe) de champignons sauvages hachés

15 ml (1 c. à soupe) d'ail en fines lamelles

Pincée de flocons de piment rouge

65 ml (¼ tasse) de vin blanc

125 ml (½ tasse) de fond de volaille

125 ml (½ tasse) de sauce tomate

190 ml (¾ tasse) de bisque de homard

200 g (7 oz) de pâtes fraîches Chitarucci

30 ml (2 c. à soupe) de beurre

15 ml (1 c. à soupe) de parmesan râpé

30 ml (2 c. à soupe) de basilic frais haché

15 ml (1 c. à soupe) de persil frais haché

Amener une casserole d'eau à ébullition. Ajouter le homard et cuire pendant 3 minutes. Mettre immédiatement dans un bol d'eau froide pour arrêter la cuisson (il sera partiellement cuit à ce point). Couper en morceaux.

Chauffer l'huile d'olive à feu vif dans une poêle épaisse. Quand l'huile commence à fumer, ajouter les tomates et les champignons frais. Cuire environ 30 secondes ou jusqu'à ce qu'ils soient dorés.

Ajouter l'ail et les flocons de piment rouge et cuire pendant 45 secondes. Déglacer la poêle avec le vin blanc et laisser le liquide réduire un peu. Ajouter le fond de volaille, la sauce tomate et la bisque de homard. À feu vif, réduire le liquide des trois quarts, ce qui devrait prendre environ 5 minutes.

Immerger les pâtes dans l'eau bouillante. Dès qu'elles remontent à la surface, ce qui devrait prendre moins d'une minute, égoutter et mélanger avec la sauce, qui est toujours à feu vif. Ajouter le beurre et le parmesan; remuer jusqu'à ce qu'ils fondent. Ajouter les morceaux de homard, le basilic et le persil et cuire pendant une minute. Décorer d'un filet d'huile d'olive avant de servir.

1 portion

Par portion (879 g), calories 820, lipides totaux 42 g, lipides saturés 18 g, cholestérol 195 mg, sodium 2030 mg, glucides totaux 66 g, fibres 6 g, sucres 8 g, protéines 37 g

VIN SUGGÉRÉ :

Pacific Rim - Blanc
Représenté par : Réserve et Sélection

Le défenseur des Canadiens, Mike Komisarek, recommande fortement les Pâtes au homard de Bice. C'est son plat préféré en ville!

99

Spaghetti de blé entier aux féveroles, pois et tomates cerises

400 g (14 oz) de spaghetti de blé entier

60 ml (4 c. à soupe) d'huile d'olive

2 gousses d'ail émincées

125 ml (½ tasse) de féveroles, fraîches ou congelées

125 ml (½ tasse) de pois verts, frais ou congelés

125 ml (½ tasse) de tomates cerises

Sel et poivre noir du moulin

Parmesan (facultatif)

Feuilles de basilic entières pour la décoration

Faire bouiller de l'eau dans une casserole et y plonger les pâtes. Cuire jusqu'à ce qu'elles soient al dente. Égoutter.

Pendant ce temps, faire revenir l'ail dans l'huile d'olive dans une poêle jusqu'à ce qu'il soit doré. Ajouter les féveroles, les pois, les tomates cerises, le sel et le poivre et bien mélanger. Toujours à feu moyen, ajouter les pâtes cuites.

Pour servir, garnir de parmesan et de basilic.

4 portions

Par portion (180 g), calories 510, lipides totaux 15 g, lipides saturés 2 g, cholestérol 0 mg, sodium 45 mg, glucides totaux 82 g, fibres 15 g, sucres 5 g, protéines 17 g

VIN SUGGÉRÉ :

Chianti Castiglioni d.o.c.g.
Marchesi de' Frescobaldi
Offert par : Italvine

Sauce rapide et facile pour les pâtes

café terrasse
Il Cortile

60 ml (4 c. à soupe) d'huile végétale

190 ml (¾ tasse) d'oignon haché

225 g (½ lb) de veau haché

1 boîte de 840 g (28 oz) de tomates italiennes, égouttées et coupées en dés

Sel et poivre noir du moulin

500 ml (2 tasses) de spaghetti frais ou d'autres pâtes fraîches

125 ml (½ tasse) de fromage Parmigiano-Reggiano râpé

Basilic frais pour la décoration

Chauffer l'huile à feu vif dans une poêle. Ajouter les oignons et faire revenir pendant quelques secondes. Ajouter le veau et faire sauter jusqu'à ce qu'il soit cuit.

Réduire le feu à moyen-doux, ajouter les tomates et laisser mijoter pendant 10 à 12 minutes. Saler et poivrer au goût.

Pendant que la sauce mijote, cuire les pâtes selon le mode de cuisson sur l'emballage. Égoutter.

Servir la sauce sur les pâtes et saupoudrer de fromage. Décorer avec le basilic.

4 portions

Par portion (414 g), calories 450, lipides totaux 22 g, lipides saturés 4,5 g, cholestérol 55 mg, sodium 360 mg, glucides totaux 42 g, fibres 4 g, sucres 9 g, protéines 22 g

VIN SUGGÉRÉ :

IGT Toscana, Insoglio del Cinghiale, Tenuta di Biserno
Représenté par : Maxxium

Penne del giorno

Restaurant
Prima Luna

750 ml (3 tasses) de haricots fins coupés en petits morceaux

450 g (1 lb) de penne

20 tomates cerises en quartiers

30 - 45 ml (2 - 3 oz) d'huile d'olive

4 à 6 feuilles de basilic frais, déchiquetées

3 gousses d'ail tranchées finement (facultatif)

Feuilles de basilic entières pour la décoration

Amener une casserole d'eau salée à ébullition. Ajouter les haricots et cuire pendant environ 8 minutes. Retirer de l'eau. Pendant que l'eau bout encore, ajouter les penne. Cuire pendant environ 7 minutes. Ajouter les haricots cuits et bouillir pendant 1 minute de plus.

Égoutter les pâtes et les haricots et mettre dans un bol. Ajouter les tomates, arroser d'un filet d'huile d'olive, saupoudrer de basilic et d'ail. Bien mélanger.

Décorer avec les feuilles de basilic et servir.

4 portions

Par portion (310 g), calories 620, lipides totaux 16 g, lipides saturés 2,5 g, cholestérol 0 mg, sodium 1180 mg, glucides totaux 102 g, fibres 8 g, sucres 7 g, protéines 19 g

VIN SUGGÉRÉ :

GABBIANO

CHIANTI

Chianti Castello di Gabbiano
Représenté par : Maxxium

Haricots

Linguini et légumes du marché

340 g (12 oz) de linguini

5 ml (1 c. à thé) d'huile d'olive

250 ml (1 tasse) de courgettes en julienne

250 ml (1 tasse) d'oignon haché

250 ml (1 tasse) d'oignons verts coupés en diagonale

250 ml (1 tasse) de poivrons rouges et jaunes en julienne

250 ml (1 tasse) de carottes en julienne

10 tomates séchées au soleil en julienne

Sel et poivre noir du moulin

PESTO :

500 ml (2 tasses) de basilic frais

250 ml (1 tasse) d'huile d'olive

65 ml (¼ tasse) de parmesan râpé

2 gousses d'ail

Sel et poivre noir du moulin

Préparer le pesto en combinant tous les ingrédients dans le mélangeur ou le robot culinaire.

Amener à ébullition 2 L (8 tasses) d'eau froide. Ajouter une pincée de sel. Immerger les pâtes et cuire jusqu'à la tendreté désirée.

Pendant que les pâtes cuisent, mettre l'huile d'olive dans une poêle épaisse chauffée à feu vif et faire sauter les légumes pendant 3 à 4 minutes.

Ne pas trop cuire. Égoutter les pâtes et mettre dans un bol. Ajouter le pesto et les légumes; bien mélanger le tout.

VIN SUGGÉRÉ :

FORTANT
FRANCE
VIN DE PAYS D'OC
2004

MERLOT

Fortant Merlot
Représenté par :
Les Agences Whitehall

4 portions

Par portion (371 g), calories 830, lipides totaux 59 g, lipides saturés 9 g, cholestérol 65 mg, sodium 160 mg, glucides totaux 63 g, fibres 9 g, sucres 9 g, protéines 16 g

Poisson

Flétan sur lit de lentilles

2 morceaux de flétan de 225 g (8 oz) chacun

Sel et poivre noir du moulin

15 ml (1 c. à soupe) de beurre clarifié

MÉLANGE DE LENTILLES :

1 échalote hachée

65 ml (¼ tasse) de vin rouge

190 ml (¾ tasse) de sauce demi-glace du commerce

2 anis étoilés

1 bâton de cannelle

Sel et poivre noir du moulin

250 ml (1 tasse) de lentilles précuites

2 tranches de prosciutto haché

65 ml (¼ tasse) de crème 35 % (facultatif)

Tranches de prosciutto et languettes de poivron rouge grillé pour la décoration

Chauffer le four à 180 °C (350 °F). Saler et poivrer le poisson au goût. Faire fondre le beurre à feu moyen dans la poêle. Saisir le poisson des deux côtés et continuer la cuisson jusqu'à ce qu'une touche de couleur apparaisse. Retirer de la poêle et mettre dans un plat allant au four. Cuire au four de 4 à 6 minutes jusqu'à ce que le poisson se défasse à la fourchette.

Dans la même poêle, faire revenir les échalotes. Avec une cuillère en bois, déglacer la poêle tout en ajoutant le vin rouge. En remuant, ajouter la sauce demi-glace, l'anis étoilé, le bâton de cannelle, le sel et le poivre. Porter à ébullition. Retirer immédiatement du feu et égoutter. Jeter l'anis étoilé et le bâton de cannelle. Remettre le mélange dans la poêle et ajouter les lentilles et le prosciutto haché. Ajouter la crème en remuant, si on le désire. Servir le poisson sur le mélange de lentilles; décorer avec le prosciutto et les poivrons grillés.

Plat d'accompagnement suggéré : asperges et carottes blanchies.

2 portions

Flétan : par portion (234 g), calories 300, lipides totaux 11 g, lipides saturés 4,5 g, cholestérol 90 mg, sodium 180 mg, glucides totaux 0 g, fibres 0 g, sucres 0 g, protéines 47 g

Mélange de lentilles : par portion (205 g), calories 370, lipides totaux 9 g, lipides saturés 3 g, cholestérol 15 mg, sodium 2680 mg, glucides totaux 43 g, fibres 4 g, sucres 4 g, protéines 19 g

VIN SUGGÉRÉ :

Chardonnay

APPELLATION BOURGOGNE CONTRÔLÉE

Louis Latour

MIS EN BOUTEILLE PAR LOUIS LATOUR NÉGOCIANT-ÉLEVEUR
À BEAUNE - CÔTE-D'OR - FRANCE

Bourgogne Chardonnay
Louis Latour
Représenté par : Maxxium

Flétan et lentilles

Thon grillé, vinaigrette aux anchois et au citron

Taverne SUR LE SQUARE

170 g (6 oz) de haricots verts fins

2 ml (½ c. à thé) de graines de coriandre entières

2 ml (½ c. à thé) de grains de poivre noir entiers

2 ml (½ c. à thé) de fenouil

2 ml (½ c. à thé) de sel de mer

2 morceaux de thon à nageoires jaunes de 225 g (8 oz) chacun

15 ml (1 c. à soupe) d'huile d'olive

GARNITURE :

2 tomates italiennes bien mûres

500 ml (2 tasses) d'huile d'olive

VINAIGRETTE :

30 ml (2 c. à soupe) de vinaigre de vin rouge

30 ml (2 c. à soupe) de jus de citron

15 ml (1 c. à soupe) de câpres

1 échalote émincée

1 ou 2 filets d'anchois

125 ml (½ tasse) d'huile d'olive

1 ml (¼ c. à thé) de sel

Pour préparer la garniture, couper les tomates italiennes en deux dans le sens de la longueur, retirer la pulpe et les pépins. Mettre dans une petite casserole et ajouter assez d'huile d'olive pour les submerger complètement. Pocher à feu doux pendant 30 minutes. Retirer de l'huile et laisser refroidir. Entre-temps, faire bouillir de l'eau salée dans une casserole de taille moyenne. Ajouter les haricots verts et bouillir pendant quelques minutes, jusqu'à ce qu'ils soient cuits, mais encore fermes. Égoutter et refroidir. Pour préparer la vinaigrette, réduire en purée le vinaigre de vin rouge, le jus de citron, les câpres, les échalotes et le fichet d'anchois dans le mélangeur. Ajouter lentement l'huile d'olive tout en mélangeant pour faire une émulsion. Saler au goût.

Pour préparer le thon, mélanger les graines de coriandre, les grains de poivre et le fenouil dans un moulin à épices et moudre grossièrement. Mettre le mélange dans un petit bol et ajouter le sel de mer. Rouler le thon dans le mélange d'épices jusqu'à ce qu'il soit bien enrobé. Chauffer l'huile à feu vif dans une poêle épaisse jusqu'à qu'elle commence à peine à fumer. Saisir le thon pendant 30 secondes de tous les côtés. Retirer de la poêle et réserver.

Mélanger les haricots verts avec 15 à 30 ml (1 à 2 c. à soupe) de vinaigrette et disposer sur 4 assiettes. Couper le thon en tranches de 5 mm (⅛ po) d'épaisseur et déposer sur les haricots verts. Garnir avec les moitiés de tomates pochées et saupoudrer de sel.

Note : l'huile d'olive qui reste après avoir fait pocher les tomates peut être conservée et utilisée dans les pâtes et les sauces, tout comme la vinaigrette qui peut servir de 10 à 14 personnes.

4 portions

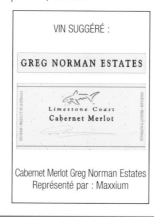

VIN SUGGÉRÉ :

GREG NORMAN ESTATES

Limestone Coast
Cabernet Merlot

Cabernet Merlot Greg Norman Estates
Représenté par : Maxxium

Thon : par portion (115 g), calories 120, lipides totaux 1 g, lipides saturés 0 g, cholestérol 50 mg, sodium 330 mg, glucides totaux 0 g, fibres 0 g, sucres 0 g, protéines 27 g

Vinaigrette : par portion (19 g), calories 70, lipides totaux 8 g, lipides saturés 1 g, cholestérol 0 mg, sodium 310 mg, glucides totaux 1 g, fibres 0 g, sucres 0 g, protéines 0 g

Garniture : par portion (69 g), calories 20, lipides totaux 0 g, lipides saturés 0 g, cholestérol 0 mg, sodium 5 mg, glucides totaux 3 g, fibres 1 g, sucres 2 g, protéines 1 g

Chantal Chamandy
« Le thon grillé de Taverne sur le Square est parfait pour un repas léger. »

Bar entier vapeur à la sichuanaise, sauce soya épicée du Piment Rouge

LE PIMENT ROUGE

1 bar entier, nettoyé et écaillé, environ 900 g (2 lb)

10 ml (2 c. à thé) de fèves soya fermentées à la sichuanaise

5 ml (1 c. à thé) de piment rouge fort épépiné et haché finement

5 ml (1 c. à thé) de gingembre haché

5 ml (1 c. à thé) de vin de riz

5 ml (1 c. à thé) de sauce soya légère

5 ml (1 c. à thé) de sel

5 ml (1 c. à thé) de jambon déchiqueté (facultatif)

5 ml (1 c. à thé) d'oignons verts hachés

10 ml (2 c. à thé) d'huile végétale chaude

Oignons frits (facultatif)

Rincer les fèves. Dans un bol, mélanger les fèves soya, le piment rouge, le gingembre, le vin de riz, la sauce soya, le sel et le jambon (le cas échéant).

Déposer le poisson sur un grand plat de service (l'épine sur le dessus) et saupoudrer du mélange de fèves soya. Mettre le plat de service avec le poisson dans un cuiseur à vapeur bouillant pendant environ 10 minutes ou jusqu'à ce que le poisson soit entièrement cuit.

Retirer le plat de service du cuiseur à vapeur, saupoudrer d'oignons verts hachés et arroser d'un filet d'huile végétale chaude. Garnir avec des oignons frits, si on le désire.

Note : après que le poisson a été écaillé et nettoyé, séparer en deux dans le sens de la longueur à partir des ouïes, sans couper à travers le dos. Couper l'os dorsal en sections et frotter de 2 ml (½ c. à thé) de sel, laisser reposer pendant 5 minutes avant de faire cuire.

4 portions

Par portion (235 g), calories 240, lipides totaux 7 g, lipides saturés 1,5 g, cholestérol 95 mg, sodium 820 mg, glucides totaux 0 g, fibres 0 g, sucres 0 g, protéines 42 g

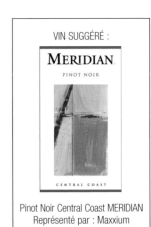

VIN SUGGÉRÉ :

MERIDIAN

PINOT NOIR

CENTRAL COAST

Pinot Noir Central Coast MERIDIAN
Représenté par : Maxxium

Bar entier

Salmon

Saumon sauce au vin rouge avec prosciutto et lentilles braisées

SAUMON :

4 filets de saumon biologique
ou sauvage de 170 g (6 oz) chacun, sans la peau

30 ml (2 c. à soupe) d'huile d'olive

4 tranches minces de prosciutto de bonne qualité
pour la décoration

RÉDUCTION DE VIN :

15 ml (1 c. à soupe) d'huile d'olive

45 ml (3 c. à soupe) d'échalotes hachées finement

Poivre noir concassé

Jus de ½ citron

750 ml (3 tasses) de vin rouge

30 ml (2 c. à soupe) de beurre non salé

LENTILLES :

250 ml (1 tasse) de lentilles sèches

15 ml (1 c. à soupe) d'huile d'olive

15 ml (1 c. à soupe) d'échalotes hachées finement

190 ml (¾ tasse) de carottes coupées en dés

190 ml (¾ tasse) de haricots verts
en morceaux de 12 mm (½ po)

Pincée de thym frais haché

Sel de mer et poivre blanc

Pour préparer la réduction de vin, chauffer l'huile dans la poêle à feu moyen-vif. Ajouter les échalotes et le poivre et faire revenir pendant quelques minutes. Ajouter le jus de citron et le vin dans la poêle et laisser mijoter jusqu'à ce que la sauce soit réduite à un peu plus de 125 ml (½ tasse). Retirer du feu. Ajouter le beurre au moment de servir.

Pendant que la réduction mijote, cuire les lentilles dans de l'eau bouillante avec une pincée de sel de mer jusqu'à ce qu'elles soient tendres. Égoutter les lentilles, en réservant 125 ml (½ tasse) de l'eau de cuisson.

Dans une deuxième poêle, chauffer l'huile à feu moyen-vif. Ajouter les échalotes, les carottes et les haricots verts. Faire sauter pendant quelques minutes, puis incorporer le thym, les lentilles et l'eau de cuisson réservée. Saler et poivrer. Réserver au chaud.

Chauffer 30 ml (2 c. à soupe) d'huile d'olive à feu moyen-vif dans une poêle antiadhésive. Cuire les filets de saumon des deux côtés jusqu'à ce qu'ils soient à point-saignant.

Déposer le saumon sur les lentilles chaudes et arroser de la réduction de vin. Garnir chaque assiette d'une tranche de prosciutto.

4 portions

VIN SUGGÉRÉ :

ANTONIN
RODET
DEPUIS 1875

BOURGOGNE A. RODET
APPELLATION BOURGOGNE CONTRÔLÉE

PINOT NOIR

MIS EN BOUTEILLE PAR · BOTTLED BY ANTONIN RODET AT F 716.69-294 · FRANCE
VIN · PRODUIT DE FRANCE   PRODUCT OF FRANCE · WINE

Bourgogne Pinot Noir
Antonin Rodet
Représenté par : Maxxium

Saumon et prosciutto : par portion (201 g), calories 280, lipides totaux 13 g, lipides saturés 2 g, cholestérol 105 mg, sodium 320 mg, glucides totaux 0 g, fibres 0 g, sucres 0 g, protéines 38 g

Lentilles : par portion (189 g), calories 210, lipides totaux 4 g, lipides totaux 0,5 g, cholestérol 0 mg, sodium 340 mg, glucides totaux 32 g, fibres 12 g, sucres 5 g, protéines 13 g

Réduction de vin rouge : par portion (195 g), calories 210, lipides totaux 9 g, lipides saturés 4 g, cholestérol 15 mg, sodium 10 mg, glucides totaux 4 g, fibres 0 g, sucres 0 g, protéines 1 g

Bar du Chili poêlé
accompagné d'une salade
aux poivrons rouges grillés

2 poivrons rouges entiers

10 ml (2 c. à thé) d'huile d'olive extra vierge

2 gousses d'ail émincées

5 ml (1 c. à thé) de persil italien haché

Sel et poivre noir du moulin

4 morceaux de bar du Chili
de 170 g (6 oz) chacun

Huile de persil vert (facultatif)

Vinaigre balsamique (facultatif)

Chauffer le gril à feu vif. Griller les poivrons jusqu'à ce qu'ils soient uniformément noircis. Retirer du feu, mettre dans un bol et couvrir de pellicule de plastique. Quand les poivrons sont refroidis, enlever la pelure avec l'aide d'une serviette sèche. Rincer sous l'eau fraîche pour retirer la pelure qui reste et égoutter. Trancher les poivrons en longues languettes. Mettre dans un bol de taille moyenne avec 5 ml (1 c. à thé) d'huile, l'ail et le persil. Bien mélanger. Saler et poivrer.

Chauffer le reste de l'huile dans une poêle épaisse à feu moyen-vif. Rincer le bar sous l'eau froide et assécher en tapotant. Saler et poivrer. Saisir dans la poêle, environ 3 minutes par côté. Déposer le mélange de poivron dans 4 assiettes et couvrir du poisson cuit. Arroser d'un filet d'huile de persil et de vinaigre balsamique, si on le désire.

4 portions

Par portion (163 g), calories 150, lipides totaux 4 g, lipides saturés 1 g, cholestérol 55 mg, sodium 90 mg, glucides totaux 4 g, fibres 1 g, sucres 2 g, protéines 25 g

VIN SUGGÉRÉ :

Cakebread
Cellars

NAPA VALLEY

Sauvignon Blanc

Sauvignon Blanc Napa Valley
Cakebread Cellars
Représenté par : Maxxium

Saumon grillé
accompagné de pâtes

estiatorio Milos

6 filets de saumon de 225 g (8 oz) chacun

Sel et poivre blanc

MARINADE :

250 ml (1 tasse) d'huile d'olive extra vierge

85 ml (⅓ tasse) de jus de citron fraîchement pressé

PÂTES :

125 ml (½ tasse) d'huile d'olive

8 gousses d'ail écrasées

2 piments rouges forts frais, épépinés et hachés finement

Grosse botte de basilic haché et divisé

Pincée de sel

450 g (1 lb) de fettuccini

Câpres et piment rouge fort tranché finement pour la décoration

Pour préparer la marinade, mélanger l'huile d'olive et le jus de citron avec un fouet. Diviser dans 2 bols (la moitié sera utilisée pour mariner les filets, l'autre comme sauce après la cuisson du saumon). Saler et poivrer les filets. Tremper chaque filet dans la marinade de manière à couvrir tous les côtés. Jeter la marinade.

Pour préparer la sauce pour les pâtes, dans une petite casserole ajouter l'huile, l'ail, les piments rouges et une poignée de basilic. Chauffer à feu moyen jusqu'à ce que l'ail soit fragrant. Ne pas trop cuire. Retirer du feu et incorporer le sel.

Immerger les pâtes dans une grande casserole remplie d'eau bouillante salée et cuire jusqu'à ce qu'elles soient al dente. Égoutter et transférer dans un bol de service. Verser la sauce sur les pâtes et décorer d'une poignée de basilic et de fines lamelles de piment.

Pendant que les pâtes cuisent, chauffer le gril à feu moyen. Griller les filets, en commençant par le côté sans peau, pendant environ 8 minutes, en tournant le poisson pour obtenir des marques de gril sur toutes les surfaces. Retirer les filets du gril et les tremper dans le deuxième bol de marinade de manière à les couvrir de tous les côtés. Servir avec les pâtes.

6 portions

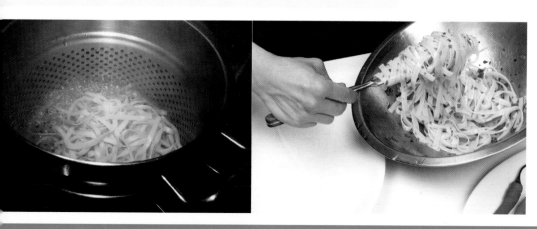

Saumon : par portion (231 g), calories 360, lipides totaux 19 g, lipides saturés 3 g, cholestérol 125 mg, sodium 100 mg, glucides totaux 0 g, fibres 0 g, sucres 0 g, protéines 45 g

Pâtes : par portion (127 g), calories 460, lipides totaux 20 g, lipides saturés 3 g, cholestérol 0 mg, sodium 10 mg, glucides totaux 60 g, fibres 3 g, sucres 3 g, protéines 11 g

Thon aux épices

15 ml (1 c. à soupe) de jus de citron frais

15 ml (1 c. à soupe) de sauce tamari

15 ml (1 c. à soupe) de vinaigre balsamique

65 ml (¼ tasse) d'huile d'olive

15 ml (1 c. à soupe) de graines de coriandre

5 ml (1 c. à thé) de graines d'aneth

5 ml (1 c. à thé) de graines d'anis

5 ml (1 c. à thé) de graines de fenouil

Pincée de thé de carvi

1 graine de cardamome

4 morceaux de thon de 170 g (6 oz) chacun

30 ml (2 c. à soupe) d'huile végétale

Sel

Dans un petit bol, fouetter le jus de citron, la sauce tamari et le vinaigre balsamique. Tout en fouettant, verser lentement l'huile d'olive pour faire une émulsion. Moudre les épices ensemble et les mettre sur une assiette. Presser délicatement un côté du thon seulement sur les épices de façon à le couvrir.

Chauffer l'huile d'olive dans une poêle épaisse à feu vif jusqu'à ce qu'elle soit chaude, mais qu'elle ne fume pas. Saisir le thon des deux côtés en commençant par celui qui est recouvert des épices. Retirer du feu et saler légèrement. Mettre le thon poêlé dans un bol et y verser le mélange de jus de citron.

Servir avec une salade de cannellini, une salade de tomates, une salade de lentilles ou des tranches de pommes de terre grillées.

4 portions

Par portion (205 g), calories 380, lipides totaux 23 g, lipides saturés 2,5 g, cholestérol 75 mg, sodium 320 mg, glucides totaux 3 g, fibres moins de 1 g, sucres 1 g, protéines 41 g

VIN SUGGÉRÉ :

BROLO DI CAMPOFIORIN

MASI

IGT Rosso del Veronese
BROLO DI CAMPOFIORIN
Représenté par : Maxxium

Thon

Morue grillée à la portugaise

4 morceaux de morue salée

1 poivron rouge ou jaune coupé en deux

30 ml (2 c. à soupe) d'huile d'olive,
plus une petite quantité pour badigeonner

12 petites pommes de terre nouvelles bouillies
et coupées en deux

1 oignon espagnol coupé en tranches longues et minces

1 gousse d'ail émincée

Sauce chili

Sel et poivre noir du moulin

30 ml (2 c. à soupe) de vinaigre de vin rouge

30 ml (2 c. à soupe) de persil haché

16 olives noires

1 botte de rapini ou jeune brocoli

4 tranches de prosciutto pour la décoration (facultatif)

Réchauffer le gril à feu vif. Badigeonner le côté chair de morue avec l'huile d'olive. Saisir le côté chair. Continuer à cuire sur le gril pendant 10 minutes. Mettre dans le four préchauffé à 180 °C (350 °F) pendant 15 minutes.

Pendant que la morue cuit, badigeonner les morceaux de poivron d'huile d'olive et griller jusqu'à ce qu'ils soient mous. Trancher en fines languettes. Griller ou faire revenir les pommes de terre dans la poêle jusqu'à ce qu'elles soient légèrement dorées. Réserver les poivrons et les pommes de terre. Dans une poêle, faire revenir l'oignon à feu vif dans 10 ml (2 c. à soupe) d'huile d'olive jusqu'à ce qu'il soit légèrement doré. Ajouter l'ail et la sauce chili; saler et poivrer. Réduire à feu moyen. Ajouter le vinaigre de vin rouge, le persil, les olives noires et cuire 2 minutes de plus. Au moment de servir, ajouter les pommes de terre et les languettes de poivron dans la poêle et réchauffer.

Entre-temps, faire bouillir le rapini dans l'eau salée jusqu'à ce qu'il soit tendre. Égoutter. Servir le poisson sur le rapini et recouvrir du mélange d'oignon. Garnir de prosciutto, si on le désire.

Note : la morue salée doit être trempée dans de l'eau froide pendant 24 à 48 heures avant de l'utiliser; l'eau doit être changée 2 ou 3 fois.

VIN SUGGÉRÉ :

curva
DOURO

Douro Curva Blanc
Vins Sogevinus
Représenté par : Maxxium

4 portions

Par portion (636 g), calories 480, lipides totaux 19 g, lipides saturés 2,5 g, cholestérol 100 mg, sodium 830 mg, glucides totaux 30 g, fibres 4 g, sucres 4 g, protéines 46 g

Saumon grillé, émulsion de poivre noir, salsa d'olives noires, de cornichons sucrés et de câpres, salade d'endives

primadonna
RISTORANTE & BAR SUSHI

POISSON ET ÉMULSION :

4 morceaux de saumon de 170 g (6 oz) chacun

60 ml (4 c. à soupe) de grains de poivre noir, trempés dans l'eau pendant la nuit

60 ml (4 c. à soupe) de pignons grillés (voir la note)

250 ml (1 tasse) d'huile de pépins de raisin

250 ml (1 tasse) d'huile d'olive extra vierge

Sel et poivre noir du moulin

SALSA :

1 tomate épépinée et coupée en dés

12 olives noires coupées en deux

5 petits cornichons sucrés en julienne

45 ml (3 c. à soupe) de petites câpres

30 à 45 ml (2 à 3 c. à soupe) d'huile d'olive

1 citron pelé et coupé en sections

Jus de 1 citron

15 ml (1 c. à soupe) de ciboulette hachée

5 feuilles de basilic hachées

Sel et poivre noir du moulin

SALADE :

1 grosse endive

60 ml (4 c. à soupe) de pignons grillés

½ oignon rouge en julienne

10 feuilles de coriandre fraîche

10 tomates cerises coupées en deux

105 ml (7 c. à soupe) d'huile d'olive extra vierge

105 ml (7 c. à soupe) de vinaigre de vin rouge

Sel et poivre noir du moulin

1 avocat

Ciboulette hachée grossièrement pour la décoration

Pour préparer l'émulsion, faire bouillir les grains de poivre dans de l'eau fraîche pendant 45 minutes. Mettre les grains de poivre bouillis, les pignons, l'huile de pépins de raisin, l'huile d'olive, le sel et le poivre dans le mélangeur et mélanger jusqu'à ce que le tout soit émulsifié. Ajouter de l'eau si le mélange semble trop épais. Mettre dans un bol et réfrigérer. Si l'émulsion se sépare, mélanger de nouveau jusqu'à ce qu'elle redevienne crémeuse.

Préparer la salsa en mélangeant tous les ingrédients dans un bol. Réfrigérer. Pour préparer la salade, séparer les feuilles d'endive et retirer le cœur. Couper les feuilles en deux dans le sens de la longueur. Mettre dans un bol de taille moyenne avec les pignons, l'oignon rouge, la coriandre et les tomates cerises. Faire la vinaigrette en mélangeant l'huile, le vinaigre, le sel et le poivre. Au moment de servir, mélanger la salade avec la vinaigrette. Préparer l'avocat en le tranchant en deux dans le sens de la longueur. Séparer, peler et retirer le noyau. Couper l'avocat en longues tranches minces et disposer en éventail sur 4 assiettes. Réchauffer le gril à feu vif. Griller le saumon jusqu'au degré de cuisson désiré. Pour servir, recouvrir les avocats de salade. Disposer les filets de saumon sur la salade et napper de salsa. Arroser les assiettes d'un filet d'émulsion.

Note : pour griller les pignons, les mettre sur une plaque à pâtisserie dans le four chauffé à 180 °C (350 °F) pendant 5 à 7 minutes ou jusqu'à ce qu'ils soient bien dorés.

4 portions

VIN SUGGÉRÉ :

Chapoutier Belleruche
Représenté par :
Vins Philippe Dandurand inc.

Par portion (296 g), calories 530, lipides totaux 39 g, lipides saturés 5 g, cholestérol 95 mg, sodium 500 mg, glucides totaux 12 g, fibres 2 g, sucres 7 g, protéines 35 g

Saumon

Poisson en papillote

Vino Rosso
RISTORANTE • CUISINE ITALIENNE

15 ml (1 c. à soupe) d'huile d'olive

1 filet d'hoplostète orange

Sel et poivre noir du moulin

1 tomate tranchée

½ petit oignon rouge tranché

1 gousse d'ail émincée

Pincée d'origan et de basilic

65 ml (¼ tasse) de vin blanc

Tranches de citron et ciboulette
pour la décoration

Chauffer le four à 200 °C (400 °F). Couper un morceau de papier sulfurisé ou de papier d'aluminium de 50 x 50 cm (20 po x 20 po). Verser presque toute l'huile d'olive au centre du papier. Saler et poivrer le poisson et le déposer sur le l'huile.

Mettre les tranches de tomate et d'oignon sur le poisson. Saupoudrer d'ail, d'origan et de basilic. Arroser de l'huile qui reste et verser le vin sur le tout. Plier le papier autour du poisson pour faire un petit sachet. Mettre sur un plat peu profond et cuire au four pendant 15 minutes.

Substitution : n'importe quel poisson blanc peut remplacer l'hoplostète orange.

1 portion

Par portion (404 g), calories 320, lipides totaux 15 g, lipides saturés 2 g, cholestérol 35 mg, sodium 125 mg, glucides totaux 11 g, fibres 2 g, sucres 6 g, protéines 27 g

VIN SUGGÉRÉ :

CORVO

Sicilia
INDICAZIONE GEOGRAFICA TIPICA

Corvo Bianco i.g.t. Duca di Salaparuta
Offert par : Italvine

Filet de tilapia

Restaurant **Prima Luna**

4 filets de tilapia de 200 g (7 oz) chacun, sans peau

Sel et poivre noir du moulin

Paprika

60 ml (4 c. à soupe) d'huile d'olive,
plus une petite quantité pour arroser

Brins de persil pour la décoration

SALSA AUX FRUITS :

200 g (7 oz) d'ananas coupé en cubes

115 g (4 oz) de fraises coupées en cubes

115 g (4 oz) de kiwis coupés en cubes

½ oignon rouge ou blanc, haché

1 tomate coupée en cubes

1 botte de persil haché
(réserver quelques brins pour la décoration)

30 ml (2 c. à soupe) de vinaigre de vin rouge

30 ml (2 c. à soupe) d'huile d'olive

15 ml (1 c. à soupe) de miel

Sel et poivre noir du moulin

Dans un bol de taille moyenne, combiner l'ananas, les fraises, le kiwi, l'oignon, la tomate et le persil. Ajouter le vinaigre de vin rouge, l'huile d'olive, le miel, le sel et le poivre. Bien mélanger.

Chauffer le gril à feu moyen-vif. Assaisonner le poisson avec le sel, le poivre et le paprika. Arroser d'un filet d'huile d'olive. Mettre sur le gril et cuire 5 minutes de chaque côté. Retirer du feu quand le poisson est tendre et se détache à la fourchette. Servir le tilapia recouvert de la salsa aux fruits et garni de brins de persil.

4 portions

Par portion (334 g), calories 400, lipides totaux 20 g, lipides saturés 3 g, cholestérol 110 mg, sodium 120 mg, glucides totaux 21 g, fibres 3 g, sucres 16 g, protéines 34 g

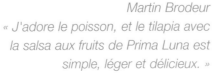

Martin Brodeur
« J'adore le poisson, et le tilapia avec la salsa aux fruits de Prima Luna est simple, léger et délicieux. »

VIN SUGGÉRÉ :

MÂCON-VILLAGES
APPELLATION MÂCON-VILLAGES CONTRÔLÉE

CHARDONNAY

GEORGES
DUBŒUF

Duboeuf Mâcon-Villages
Chardonnay
Représenté par :
Vins Philippe Dandurand inc.

Salsa aux fruits

Flétan

Flétan parfumé à la cannelle, betteraves rouges et épinards, émulsion de vin blanc et porto

125 ml (½ tasse) de porto rouge

15 ml (1 c. à soupe) de sucre (facultatif)

225 g (8 oz) de betteraves rouges

4 filets de flétan de 200 g (7 oz) chacun, sans peau

60 ml (4 c. à soupe) de cannelle moulue

15 ml (1 c. à soupe) d'huile d'olive

15 ml (1 c. à soupe) de beurre

500 ml (2 tasses) de jeunes épinards

Sel et poivre noir du moulin

Bâton de cannelle pour la décoration

BEURRE BLANC :

10 ml (2 c. à thé) d'échalotes hachées

15 ml (1 c. à soupe) d'huile d'olive

65 ml (¼ tasse) de vin blanc

500 ml (2 tasses) de fumet de poisson

Pincée chacun de thym et de laurier

Sel et poivre noir du moulin

15 ml (1 c. à soupe) de beurre froid

Chauffer le porto à feu doux dans une petite casserole jusqu'à ce qu'il soit réduit d'environ 85 %. Il devrait avoir la consistance d'un sirop. Ajouter le sucre pour lui donner un goût de sirop plus prononcé, si on le désire. Réserver. Dans une autre casserole, faire bouillir les betteraves dans l'eau salée jusqu'à tendreté. Égoutter et laisser refroidir légèrement. Enfiler des gants de caoutchouc pour éviter de se tâcher les mains et frotter les betteraves pour les peler. Lorsqu'elles sont complètement refroidies, utiliser une cuillère parisienne pour former des petites boules de betteraves. Réserver.

Pour préparer le beurre blanc, chauffer l'huile à feu vif dans une poêle épaisse. Ajouter les échalotes et faire revenir jusqu'à ce qu'elles soient bien dorées. Déglacer les échalotes avec le vin blanc et laisser le liquide s'évaporer presque complètement. Ajouter le fumet de poisson, le thym et le laurier. Faire mijoter la sauce à feu doux pour la réduire de moitié. Pendant qu'elle est encore chaude, passer dans une toile à fromage. Saler et poivrer. Garder au chaud dans la poêle. Au moment de servir, ajouter le beurre froid à la sauce et fouetter rapidement jusqu'à ce qu'elle soit crémeuse et bien émulsifiée. Frotter la cannelle d'un côté du poisson. Dans une autre poêle, chauffer l'huile à feu vif. Faire cuire le poisson, en commençant par le côté recouvert de cannelle, jusqu'à ce qu'il soit croustillant. Tourner le poisson et réduire à feu doux. Continuer la cuisson jusqu'à ce que le poisson soit tendre et se défasse à la fourchette.

Dans une troisième poêle, fondre le beurre à feu moyen-vif et faire revenir les épinards jusqu'à ce qu'ils soient cuits. Saler et poivrer; égoutter sur une serviette de papier. Au moment de servir, brosser la sauce émulsifiée sur les assiettes. Déposer un morceau de poisson sur chaque assiette et servir les épinards et les betteraves en accompagnement. Arroser l'assiette d'un filet de réduction de porto pour décorer. Garnir le poisson d'un bâton de cannelle.

Substitution : du bar rayé, avec peau, peut être utilisé plutôt que le flétan.

4 portions

Par portion (455 g), calories 420, lipides totaux 18 g, lipides saturés 6 g, cholestérol 100 mg, sodium 440 mg, glucides totaux 15 g, fibres 6 g, sucres 7 g, protéines 41 g

VIN SUGGÉRÉ :

LES
fumées
blanches
SAUVIGNON BLANC

Les Fumées Blanches,
Sauvignon Blanc, J. & F. Lurton
Représenté par : Maxxium

133

Morue sur lit d'asperges vertes et sauce vierge

1 botte d'asperges rincées et parées

500 ml (2 tasses) de tomates cerises coupées en quatre

1 botte de basilic frais en julienne

65 ml (¼ tasse) d'huile d'olive, plus une petite quantité

30 ml (2 c. à soupe) de vinaigre balsamique

Jus de 2 citrons

Sel et poivre noir du moulin

4 filets de morue fraîche

Chauffer le four à 180 °C (350 °F). Mettre les asperges sur une plaque de cuisson. Arroser d'huile d'olive et saler. Cuire au four pendant 10 minutes (après la cuisson des asperges, laisser le four à la même température pour la morue). Entre-temps, préparer la sauce vierge, en mélangeant les tomates, le basilic, l'huile d'olive, le vinaigre, le jus de citron, le sel et le poivre dans un bol. Réserver.

Chauffer 65 ml (¼ tasse) d'huile d'olive à feu vif dans une poêle allant au four. Inciser les filets des deux côtés. Mettre dans la poêle chaude et saisir d'un côté seulement. Mettre immédiatement la poêle au four et cuire le poisson pendant environ 6 minutes, jusqu'à ce qu'il soit tendre. Pour servir, déposer le poisson, côté saisi en haut, sur un lit d'asperges et arroser de sauce vierge.

Substitution : de l'espadon, du tilapia ou du thon rouge peuvent être utilisés plutôt que de la morue.

4 portions

Par portion (449 g), calories 360, lipides totaux 15 g, lipides saturés 2 g, cholestérol 100 mg, sodium 130 mg, glucides totaux 11 g, fibres 3 g, sucres 4 g, protéines 43 g

VIN SUGGÉRÉ :

COLBARACA

MASI

Soave Classico Colbaraca Masi
Représenté par : Maxxium

Rouget grillé accompagné de panzanella truffée

CAVALLI
RISTORANTE + BAR

1 kg (2,2 lb) de rouget

15 ml (1 c. à soupe) de poudre de porcini (cèpe)

30 ml (2 c. à soupe) de graines de fenouil grillées

30 ml (2 c. à soupe) de graines de coriandre grillées

Sel et poivre noir du moulin

PANZANELLA :

3 tomates mûries sur vigne, coupées en dés

1 branche de céleri coupée en dés

1 grosse échalote coupée en dés

2 gousses d'ail hachées

60 g (2 oz) d'olives noires hachées

2 anchois dans l'huile, coupés en dés

5 ml (1 c. à thé) chacun de basilic, de persil et de menthe hachés

90 ml (6 c. à soupe) d'huile d'olive extra vierge

45 ml (3 c. à soupe) de vinaigre de vin rouge

125 ml (½ tasse) de croûtons

Réchauffer le gril à feu vif. Pour préparer la panzanella, mélanger tous les ingrédients ensemble dans un bol. Laisser reposer pendant 5 minutes. Entre-temps, mettre la poudre de porcini, le fenouil et la coriandre dans un moulin à épices et moudre finement. Assaisonner le poisson du mélange d'épices, de sel et de poivre. Faire griller 2 minutes de chaque côté. Servir la panzanella sur le poisson.

Plats d'accompagnement suggérés : riz basmati cuit à la vapeur et mélange de fenouil miniature, d'asperges et de champignons porcini sautés.
Substitution : du vivaneau peut être utilisé plutôt que du rouget.

4 portions

Rouget : par portion (257 g), calories 280, lipides totaux 4,5 g, lipides saturés 1 g, cholestérol 90 mg, sodium 160 mg, glucides totaux 4 g, fibres 3 g, sucres 0 g, protéines 53 g
Panzanella : par portion (184 g), calories 300, lipides totaux 26 g, lipides saturés 3,5 g, cholestérol 20 mg, sodium 980 mg, glucides totaux 10 g, fibres 2 g, sucres 3 g, protéines 8 g

Cataplana aux fruits de mer

570 g (1¼ lb) de queues et de pinces de homard

250 ml (1 tasse) de vin blanc

250 ml (1 tasse) de tomates pelées et concassées
ou 250 ml (1 tasse) de sauce tomate

15 ml (1 c. à soupe) d'huile d'olive

6 morceaux de poisson de 85 g (3 oz) chacun,
comme du saumon, du flétan, de l'espadon
ou du mahi-mahi

8 crevettes décortiquées et déveinées

6 palourdes du Pacifique

6 moules

2 pétoncles

60 g (2 oz) de chorizo

4 petites pommes de terre cuites
et coupées en deux

½ oignon espagnol haché finement

2 gousses d'ail émincées

½ poivron rouge haché finement

½ poivron jaune haché finement

½ poivron vert haché finement

1 feuille de laurier

5 ml (1 c. à thé) de piri-piri (sauce épicée)

Sel de mer et poivre noir du moulin

5 ml (1 c. à thé) de persil frais haché

Dans une grande casserole, amener à ébullition 500 ml (2 tasses) d'eau, le vin blanc et 5 ml (1 c. à thé) de sel de mer.

Ajouter le homard et cuire pendant 8 minutes. Retirer le homard de la casserole, ajouter les tomates et continuer à cuire pour faire le bouillon de homard.

Chauffer l'huile d'olive dans la cataplana – casserole ronde et couverte qui ressemble à un wok – à feu moyen. Ajouter les différents poissons, les crevettes, les palourdes, les moules, les pétoncles, la saucisse, les pommes de terre et les légumes. Ajouter le bouillon de homard, la feuille de laurier, la sauce piri-piri, le sel et le poivre. Mettre le homard, toujours dans sa carapace, sur le dessus et couvrir. Cuire à feu vif pendant 6 minutes (les palourdes et les moules devraient ouvrir; si elles ne le font pas, les jeter).

Saupoudrer de persil dans la dernière minute de cuisson.

4 portions

Par portion (637 g), calories 440, lipides totaux 13 g, lipides saturés 3 g, cholestérol 200 mg,
sodium 1080 mg, glucides totaux 16 g, fibres 3 g, sucres 4 g, protéines 53 g

VIN SUGGÉRÉ :

FOLONARI

SOAVE

Folonari Soave - Blanc
Représenté par :
Vins Philippe Dandurand inc.

Fruits
de mer

Bakaliaro plaki
Morue séchée

2 morceaux de morue salée, environ 2 kg (4,4 lb)

15 pommes de terre lavées et pelées

3 boîtes de 840 g (28 oz) de tomates entières, écrasées à la main.

1 bulbe de fenouil équeuté et finement tranché

3 gros oignons Vidalia coupés en dés

7 gousses d'ail émincées

250 ml (1 tasse) de persil haché

22 ml (1½ c. à soupe) de poivre noir du moulin

250 ml (1 tasse) d'huile d'olive

2 feuilles de laurier

Brin de thym pour la décoration

Faire tremper la morue dans l'eau pendant 24 heures, en changeant l'eau toutes les 8 heures. Retirer de l'eau et bien rincer. Trancher le poisson en portions de 160 g (5 oz). Si les bouts du poisson sont très épais, trancher en deux dans le sens de la longueur pour que les portions soient uniformes.

Chauffer le four à 180 °C (350 °F). Préparer les pommes de terre en les coupant en tranches de 6 mm (¼ po) d'épaisseur. Étendre les pommes de terre dans le fond de la casserole et disposer les portions de poisson sur le dessus.

Dans un grand bol, mélanger ensemble les tomates, le fenouil, le persil, les oignons, l'ail, le poivre et l'huile d'olive. Étendre le mélange de tomates sur le poisson.

Ajouter les feuilles de laurier. Couvrir la casserole avec du papier d'aluminium et cuire au four pendant 1 h 30. Avant de servir, décorer de thym frais.

8 à 10 portions

Par portion (631 g), calories 610, lipides totaux 28 g, lipides saturés 4 g, cholestérol 75 mg, sodium 250 mg, glucides totaux 58 g, fibres 8 g, sucres 11 g, protéines 40 g

VIN SUGGÉRÉ :

ALBIZZIA
Chardonnay
TOSCANA
INDICAZIONE GEOGRAFICA TIPICA

FRESCOBALDI

Chardonnay
Albizzia Frescobaldi Toscana
Représenté par : Le Marchand de Vin

Saumon Bloody Caesar

GLOBE

12 palourdes du Pacifique ou petites palourdes

4 filets de saumon de 115 g (4 oz) sans arêtes

30 ml (2 c. à soupe) d'huile de canola

60 ml (4 c. à soupe) de vodka

12 tomates Roma mûres, pelées,
épépinées et coupées en dés

1 cœur de céleri haché finement

2 à 4 feuilles de céleri,
plus une petite quantité pour la décoration

125 ml (½ tasse) de jus de Clamato

2 gouttes de sauce Worcestershire

2 gouttes de sauce Tabasco

Sel et poivre noir du moulin

Ciboulette pour la décoration

TOMATES POCHÉES :

16 tomates cerises

Huile d'olive

Pour pocher les tomates cerises, les mettre dans une casserole et ajouter de l'huile d'olive juste pour les couvrir. Laisser mijoter à feu très doux environ 10 minutes. Retirer les tomates de l'huile et réserver. L'huile peut être conservée pour utilisation future.

Bien rincer les palourdes à l'eau froide. Mettre dans une casserole, couvrir d'eau et bouillir jusqu'à ce que les coquilles s'ouvrent (jeter les palourdes qui ne s'ouvrent pas). Retirer du liquide et réserver. Jeter le liquide.

Saler et poivrer les deux côtés du filet de saumon. Ajouter l'huile de canola dans la poêle et chauffer à feu moyen. Cuire les filets de saumon environ 3 minutes par côté ou jusqu'à ce qu'ils aient atteint la cuisson désirée. Retirer et réserver. Enlever le surplus d'huile de la poêle et remettre à feu moyen. Au moyen d'une cuillère en bois, déglacer la poêle avec la vodka pendant environ 2 secondes. Ajouter les tomates, le céleri et les feuilles de céleri. Ajouter le jus de Clamato, la sauce Worcestershire et la sauce Tabasco. Saler et poivrer. Réduire le mélange en laissant mijoter environ 10 minutes. Ajouter les palourdes cuites.

Pendant ce temps, mettre les filets de saumon au four à faible température pour les réchauffer. Disposer le saumon sur les assiettes et recouvrir du mélange tomates-palourdes.

Décorer avec les tomates pochées, les feuilles de céleri et la ciboulette.

4 portions

*Par portion (584 g), calories 410, lipides totaux 17 g, lipides saturés 2 g, cholestérol 90 mg,
sodium 230 mg, glucides totaux 22 g, fibres 4 g, sucres 12 g, protéines 37 g*

Saumon, courgettes
et émulsion de basilic citronné

4 filets de saumon de 170 à 225 g (6 à 8 oz) chacun

Sel et poivre noir du moulin

15 ml (1 c. à soupe) d'huile d'olive

1 courgette verte en julienne

1 courgette jaune en julienne

1 céleri rave en julienne

1 poireau en julienne

2 ml (½ c. à thé) de sel

Poivre noir du moulin

ÉMULSION DE BASILIC CITRONNÉ :

125 ml (½ tasse) de jus de citron

15 ml (1 c. à soupe) de beurre ramolli

2 ml (½ c. à thé) de sucre

1 ml (¼ c. à thé) de sel

Petite botte de basilic

Pour préparer l'émulsion, chauffer le jus de citron à feu moyen dans une petite casserole et réduire de moitié. Mettre le jus de citron réduit, le beurre, le sucre, le basilic et le sel dans un mélangeur et réduire en purée.

Saler et poivrer le saumon et griller ou pocher au goût. Chauffer l'huile dans une poêle à feu moyen-vif et faire revenir les courgettes, le céleri rave et le poireau jusqu'à ce qu'ils soient tendres, 2 à 4 minutes. Saler et poivrer. Pour servir, disposer les légumes dans le centre de chaque assiette, couvrir du saumon et arroser d'un filet d'émulsion de basilic citronné.

4 portions

VIN SUGGÉRÉ :

LES VIGNES RETROUVÉES

CÔTES DE SAINT-MONT
Appellation D'Origine Vin Délimité de Qualité Supérieure
PRODUIT DE FRANCE · PRODUCT OF FRANCE
VIN BLANC · WHITE WINE
2005
750 ml ℮   13% alc./vol.

Les Vignes Retrouvées Blanc
Représenté par :
Les Agences Whitehall

Saumon : par portion (308 g), calories 360, lipides totaux 16 g, lipides saturés 2,5 g, cholestérol 105 mg, sodium 460 mg, glucides totaux 13 g, fibres 3 g, sucres 3 g, protéines 41 g
Émulsion de basilic citronné : par portion (30 g), calories 25, lipides totaux 2 g, lipides saturés 1 g, cholestérol 5 mg, sodium 115 mg, glucides totaux 2 g, fibres 0 g, sucres 1 g, protéines 0 g

Viande & volaille

Blanc de poulet rôti accompagné de pommes de terre tièdes et de légumes marinés

8 pommes de terre nouvelles, coupées en quatre

Poignée de haricots verts entiers

4 blancs de poulet non désossé, avec la peau

Sel et poivre noir du moulin

15 ml (1 c. à soupe) d'huile

Mélange de salades, comme de la roquette, des endives et de jeunes épinards

12 tomates cerises coupées en deux

LÉGUMES MARINÉS :

500 ml (2 tasses) de vinaigre de cidre

250 ml (1 tasse) de vinaigre de vin rouge

250 ml (1 tasse) d'eau

250 ml (1 tasse) de sucre

15 ml (1 c. à soupe) de gros sel

15 ml (1 c. à soupe) d'épices à marinade

2 oignons rouges en julienne

2 poivrons en julienne

VINAIGRETTE :

125 ml (½ tasse) de moutarde Pommery

190 ml (¾ tasse) d'huile d'olive

125 ml (½ tasse) de vinaigre de vin rouge

2 gousses d'ail

2 échalotes hachées

22 ml (1 ½ c. à soupe) de sel

15 ml (1 c. à soupe) de poivre

22 ml (1½ c. à soupe) de sucre

Les légumes marinés doivent être préparés la veille. Mettre le vinaigre de cidre, le vinaigre de vin rouge, l'eau, le sucre, le sel et les épices à marinade dans une grande casserole et amener à ébullition. Mettre les poivrons et les oignons dans des contenants séparés et couvrir. Filtrer le liquide à marinade sur les poivrons et les oignons jusqu'à ce qu'ils soient couverts. Mettre au réfrigérateur, à couvert, pour une journée. Jeter le liquide qui reste.

Pour préparer la vinaigrette, mélanger la moutarde, l'huile d'olive, le vinaigre de vin rouge, l'ail, les échalotes, le sel, le poivre et le sucre dans un mélangeur jusqu'à ce que le tout soit émulsifié. Faire cuire les pommes de terre dans l'eau salée jusqu'à ce qu'elles soient tendres. Retirer de l'eau et garder au chaud. Dans une autre casserole d'eau bouillante, faire cuire les haricots verts pendant 3 minutes. Égoutter et mettre dans un bain de glace pour arrêter la cuisson. Égoutter de nouveau lorsqu'ils ont refroidi.

Pour préparer le poulet, chauffer le four à 200 °C (400 °F). Saler et poivrer le poulet. Chauffer une poêle épaisse antiadhésive pouvant aller au four. Ajouter l'huile, ensuite le poulet en commençant par le côté peau. Quand la peau est bien dorée, mettre la poêle au four. Cuire pendant 10 à 13 minutes, tourner le poulet et continuer à cuire pendant 3 à 5 minutes, selon l'épaisseur du poulet. Pour servir, déposer le mélange de salade et les tomates cerises dans 4 assiettes et mettre le poulet sur le dessus. Servir avec les pommes de terre, les haricots et les légumes marinés. Arroser de vinaigrette.

Note : la vinaigrette et le liquide à marinade se conservent au réfrigérateur dans un contenant couvert, 2 semaines et 2 à 3 semaines respectivement.

4 portions

VIN SUGGÉRÉ :

Merlot Sonoma County
Geyser Peak Winery
Représenté par : Maxxium

Poulet : par portion (373 g), calories 390, lipides totaux 14 g, lipides saturés 4 g, cholestérol 95 mg, sodium 430 mg, glucides totaux 32 g, fibres 5 g, sucres 2 g, protéines 34 g
Légumes : par portion (300 g), calories 300, lipides totaux 1 g, lipides saturés 0 g, cholestérol 0 mg, sodium 70 mg, glucides totaux 25 g, fibres 8 g, sucres 24 g, protéines 5 g
Vinaigrette : par portion (65 g), calories 210, lipides totaux 20 g, lipides saturés 2,5 g, cholestérol 0 mg, sodium 1670 mg, glucides totaux 4 g, fibres 0 g, sucres 3 g, protéines 0 g

Poulet

Poitrine de canard poêlée, sauce porto et framboises

2 magrets de canard entier, environ 450 g (1 lb) chacun

Sel et poivre noir du moulin

90 ml (3 oz) de vin rouge sec

90 ml (3 oz) de fond de canard ou de volaille

90 ml (3 oz) de porto

190 ml (¾ tasse) de framboises

POLENTA CRÉMEUSE :

500 ml (2 tasses) de lait 2 %

250 ml (1 tasse) de crème 10 %

5 gousses d'ail entières

5 grandes feuilles de basilic frais

250 ml (1 tasse) de polenta fina (semoule de maïs fine)

Sel et poivre noir du moulin

Préparer la polenta en amenant à ébullition le lait, la crème (peut être remplacée par du lait 2 %), les gousses d'ail et le basilic dans une casserole épaisse. Réduire à feu moyen et laisser mijoter pendant 10 minutes. Avec une cuillère à rainures, retirer l'ail et le basilic. Réduire à feu doux et ajouter la polenta. Continuer à brasser pendant la cuisson, environ 5 à 10 minutes. La polenta est prête quand le mélange est épais et crémeux. Saler et poivrer au goût.

Parer le canard en gardant 0,5 cm (¼ po) de gras et pratiquer des entailles entrecroisées. Saler et poivrer généreusement les deux côtés du canard. Réchauffer la poêle à feu moyen et ajouter le canard, poitrine en dessous. Cuire jusqu'à ce que le gras soit bien doré, environ 8 minutes. Tourner et cuire pendant 4 minutes jusqu'à ce que le magret soit saignant ou à point-saignant. Transférer sur une assiette et recouvrir de papier d'aluminium. Laisser reposer le canard pendant la préparation de la sauce.

Dégraisser la poêle et remettre sur le feu. Avec une cuillère en bois, déglacer la poêle tout en ajoutant le vin rouge. Ajouter le fond, le porto et les framboises; réduire le liquide d'un tiers. Pour servir le canard, trancher en biais, disposer sur la polenta crémeuse et napper généreusement de sauce.

Plat d'accompagnement suggéré : épinards sautés.

4 portions

Poitrine de canard au porto : par portion (316 g), calories 340, lipides totaux 10 g, lipides saturés 3g, cholestérol 175 mg, sodium 200 mg, glucides totaux 6 g, fibres 2 g, sucres 4 g, protéines 45 g

Polenta crémeuse : par portion (113 g), calories 160, lipides totaux 6 g, lipides saturés 4 g, cholestérol 25 mg, sodium 45 mg, glucides totaux 21 g, fibres 2 g, sucres 3g, protéines 5 g

VIN SUGGÉRÉ :

MIN EN BOUTEILLE AU DOMAINE · ESTATE BOTTLED

COUSIÑO-MACUL

ANTIGUAS RESERVAS
Cabernet Sauvignon 2004

D.O. VALLE DEL MAIPO

RED CHILEAN WINE · VIN ROUGE DU CHILI
BOTTLED BY · MIS EN BOUTEILLE PAR VIÑA COUSIÑO MACUL S.A.
SANTIAGO·CHILE · PRODUCT OF CHILE · PRODUIT DU CHILI   13% ALC./VOL.
750 mL

Cousino-Macul Cabernet Sauvignon
Antiguas Reservas
Représenté par :
Vins Philippe Dandurand inc.

Contrefilet de bœuf aux champignons

55 g (2 oz) de champignons sauvages mélangés (chanterelles, pleurotes, matsutake, shitake)

225 g (8 oz) de contrefilet de bœuf

30 ml (2 c. à soupe) d'huile de pépins de raisin

2 gousses d'ail émincées

Pincée de cerfeuil, de thym et de romarin frais

Sel et poivre du moulin

125 ml (½ tasse) de porto

Épices à bifteck pour la décoration

65 ml (¼ tasse) de fond de veau (optionnel)

30 ml (2 c. à soupe) de crème 35 % (facultatif)

Faire chauffer le gril ou le barbecue à feu vif. Nettoyer les champignons avec une petite brosse en retirant l'excès d'huile et rincer à l'eau froide. Assécher en tapotant et trancher ensuite dans le sens de la longueur.

Faire griller le bifteck 4 minutes de chaque côté (saignant-à point). Entre-temps, chauffer l'huile de pépins de raisin dans une poêle à feu moyen-vif. Ajouter l'ail, le cerfeuil, le thym, le romarin, le sel et le poivre. Ajouter les champignons et faire revenir pendant 3 minutes. Ajouter le porto et remuer pour déglacer. Réduire le liquide de moitié et retirer du feu.

Quand le bifteck est cuit, le retirer du gril ou du barbecue et le laisser reposer pendant quelques minutes. Trancher pendant qu'il est encore chaud. Pour servir, diviser les champignons sur deux assiettes, recouvrir du bifteck tranché et napper de la réduction. Décorer avec des épices à bifteck, si on le désire.

Plat d'accompagnement suggéré : courge musquée grillée ou purée de pommes de terre Yukon Gold.

Option : mélanger le fond de veau et la crème et ajouter à la réduction de champignons. Saler et poivrer au goût. Cuire pendant 2 minutes supplémentaires. Pour servir, diviser les champignons sur 2 assiettes et recouvrir du bifteck tranché. Arroser d'un filet de sauce crémeuse aux champignons.

1 portion

Sauce aux champignons : par portion (30 g), calories 35, lipides totaux 3,5 g, lipides saturés 2,5 g, cholestérol 15 mg, sodium 80 mg, glucides totaux 0 g, fibres 0 g, sucres 0 g, protéines 0 g

Contrefilet : par portion (217 g), calories 610, lipides totaux 43 g, lipides saturés 13 g, cholestérol 90 mg, sodium 75 mg, glucides totaux 9 g, fibres 0 g, sucres 7 g, protéines 29 g

Otis Grant

« Si vous cherchez l'élégance, la classe et le style, avec une ambiance formidable et un excellent service, le 40 Westt Steakhouse & Rawbar, est l'endroit idéal. Vous serez comblés! »

VIN SUGGÉRÉ

LA VITE
LUCENTE
INDICAZIONE GEOGRAFICA TIPICA

IGT Toscane Lucente
Représenté par : Maxxium

Brasato di stinco d'agnello
Jarret d'agneau braisé
aux anchois et tomates

6 petits jarrets d'agneau

30 ml (2 c. à soupe) d'huile d'olive extra vierge

Sel et poivre noir du moulin

6 filets d'anchois

2 gousses d'ail tranchées finement

15 ml (1 c. à soupe) de romarin frais haché

1 petit piment rouge sec écrasé

125 ml (½ tasse) de vin blanc sec

375 ml (1½ tasse) de fond de bœuf ou d'agneau

250 ml (1 tasse) de tomates fraîches
ou en conserve, pelées, épépinées et hachées

190 ml (¾ tasse) d'olives noires

15 ml (1 c. à soupe) de persil italien haché

Romarin frais pour la décoration

Assécher les jarrets d'agneau avec une serviette. Dans une poêle épaisse assez grande pour y mettre les jarrets en une seule couche, chauffer l'huile d'olive à feu moyen.

Ajouter les jarrets et cuire jusqu'à ce qu'ils soient bien dorés de chaque côté, environ 15 minutes. Dégraisser avec une cuillère.

Saler et poivrer les jarrets. Ajouter les anchois, l'ail, le romarin et le piment. Cuire pendant 1 minute. Ajouter le vin et amener à petits bouillons. Ajouter le fond de bœuf et les tomates. Réduire à feu doux et couvrir. Laisser mijoter les jarrets, en les tournant à l'occasion, jusqu'à ce que la viande soit tendre, environ 1 h 30. Incorporer les olives et bien réchauffer.

Disposer sur un plat de service chaud. Avant de servir, saupoudrer de romarin frais.

Plat d'accompagnement suggéré : polenta nature.

6 portions

Par portion (267 g), calories 360, lipides totaux 18 g, lipides saturés 3,5 g, cholestérol 110 mg, sodium 1850 mg, glucides totaux 8 g, fibres moins de 1 g, sucres 2 g, protéines 37 g

VIN SUGGÉRÉ :

BROLIO

2003
CHIANTI CLASSICO

BARONE
RICASOLI

Ricasoli Brolio
Représenté par :
Vins Philippe Dandurand inc.

Bison deux façons :
côtes braisées et longe rôtie

CÔTES BRAISÉES :

4 languettes de côtes de bison, environ 1,5 kg (3 lb)

5 ml (1 c. à soupe) d'huile

250 ml (1 tasse) de vin rouge

1 L (4 tasses) de fond de gibier ou de veau

Morceau de bacon fumé maigre,
2,5 x 2,5 x 10 cm (1 x 1 x 4 po)

5 ou 6 grains de poivre

1 botte chacun de thym, de persil et de ciboulette

2 feuilles de laurier

Fleur de sel

MIREPOIX :

1 carotte

1 branche de céleri

1 poireau, partie blanche seulement

1 oignon

2 brins chacun de thym et de persil

Pincée de ciboulette fraîche

4 gros topinambours entiers pelés

30 ml (2 c. à soupe) de beurre

SAUCE AUX PETITS FRUITS :

500 ml (2 tasses) chacun de bleuets,
de mûres et de framboises

1 gousse d'ail tranchée en deux

¼ de carotte coupée en petits dés

375 ml (1½ tasse) d'échalotes tranchées

250 ml (1 tasse) de sucre

2 ml (½ c. à thé) de poivre noir du moulin

250 ml (1 tasse) de vinaigre zinfandel

375 ml (1½ tasse) de vin rouge zinfandel

2 L (8 tasses) de sauce demi-glace à base
de gibier ou de veau

LONGE RÔTIE :

15 ml (1 c. à soupe) de beurre

675 g (1½ lb) de longe de bison

15 à 30 ml (1 à 2 c. à soupe)
d'huile d'olive extra vierge

450 g (1 lb) de jeunes épinards sautés
et égouttés

CÔTES : Les côtes sont cuites la veille. Couper les languettes en côtes individuelles. Chauffer l'huile à feu vif dans une grande poêle épaisse. Quand l'huile est chaude, saisir les côtes de tous les côtés jusqu'à ce qu'elles soient bien caramélisées. Enlever le surplus de gras. Déglacer la poêle avec le vin rouge, en brassant pour incorporer les particules brunes. Transférer les côtes dans une grande casserole épaisse. Ajouter le fond de gibier ou de veau, le bacon, les grains de poivre, les herbes, les feuilles de laurier, la fleur de sel et les ingrédients de la mirepoix. À feu moyen-vif, amener le mélange à ébullition. Retirer du feu et bien couvrir avec du papier d'aluminium et un couvercle, si possible. Rôtir dans le four préchauffé à 130 °C (250 °F) pendant 12 heures. Laisser les côtes refroidir, les retirer du liquide de cuisson, couvrir et réfrigérer. Jeter le liquide.

Pour préparer la sauce aux petits fruits, faire bouillir tous les ingrédients, sauf le vin rouge et la sauce demi-glace, dans une grande casserole. Continuer la cuisson jusqu'à ce que le liquide soit réduit de moitié. Ajouter le vin rouge et réduire des deux tiers. Ajouter la demi-glace et laisser mijoter jusqu'à ce que le mélange soit assez épais pour couvrir le dos d'une cuillère. Retirer du feu.

Pour préparer les topinambours, chauffer le four à 200 °C (400 °F). Dans une poêle, cuire les topinambours à feu moyen-vif dans le beurre jusqu'à ce qu'ils soient dorés. Retirer du feu. Mettre sur un plateau de cuisson et faire cuire quelques minutes, jusqu'à ce qu'ils soient tendres. Réserver.

LONGE : Dans une poêle épaisse, saisir tous les côtés de la longe à feu vif dans l'huile jusqu'à ce qu'elle soit à point-saignant. Laisser reposer la viande pendant 10 à 15 minutes avant de la trancher. Disposer sur assiette de service et décorer l'assiette de sauce aux petits fruits.

Pour terminer les côtes, chauffer le four à 200 °C (400 °F). Mettre les côtes, côté charnu en dessous, dans un plat allant au four et couvrir de la sauce aux petits fruits. Mettre au four pendant 12 à 15 minutes ou jusqu'à ce qu'elles soient chaudes. Pour servir les deux plats, écraser délicatement les topinambours et les déposer sur l'assiette. Recouvrir des côtes glacées. Sur la même assiette, disposer les épinards sautés, arroser d'un filet d'huile d'olive et saupoudrer de fleur de sel. Déposer la longe tranchée sur les épinards. Décorer l'assiette d'un filet de sauce aux petits fruits.

4 portions

Côtes braisées : par portion (340 g), calories 320, lipides totaux 13 g, lipides saturés 3,5 g, cholestérol 95 mg, sodium 200 mg, glucides totaux 17 g, fibres 4 g, sucres 2 g, protéines 35 g

Longe rôtie : par portion (454 g), calories 1370, lipides totaux 117 g, lipides saturés 48 g, cholestérol 250 mg, sodium 250 mg, glucides totaux 17 g, fibres 4 g, sucres 2 g, protéines 60 g

Sauce aux petits fruits : par portion (30 g), calories 15, lipides totaux 0 g, lipides saturés 0 g, cholestérol 0 mg, sodium 60 mg, glucides totaux 3 g, fibres 0 g, sucres 2 g, protéines 0 g

VIN SUGGÉRÉ :

Réserve
Mouton Cadet

2003
MÉDOC

Baron Philippe De Rothschild Médoc
Représenté par :
Vins Philippe Dandurand inc.

Poulet grillé au mélange d'épices La Louisiane

MÉLANGE D'ÉPICES :

125 ml (½ tasse) de paprika

65 ml (¼ tasse) de poudre d'ail

65 ml (¼ tasse) de poudre d'oignon

30 ml (2 c. à soupe) de poivre de cayenne

30 ml (2 c. à soupe) de poivre blanc

30 ml (2 c. à soupe) de poivre noir

30 ml (2 c. à soupe) de basilic séché

30 ml (2 c. à soupe) de thym séché

30 ml (2 c. à soupe) d'origan séché

30 ml (2 c. à soupe) de sel

Mélanger toutes les épices ensemble dans un bol. Couvrir des poitrines de poulet désossées du mélange d'épices et griller jusqu'à ce qu'elles soient cuites. Servir avec une salade fraîche.

Note : cet assaisonnement est aussi délicieux avec le poisson, le porc, le bœuf ou n'importe quelle autre viande grillée.

Par portion (170 g), calories 190, lipides totaux 2 g, lipides saturés 0,5 g, cholestérol 100 mg, sodium 110 mg, glucides totaux 0 g, fibres 0 g, sucres 0 g, protéines 39 g

VIN SUGGÉRÉ :

Shiraz Bin 50 Lindemans
Représenté par : Maxxium

Filet de porc et purée de patate douce

2 filets de porc

2 patates douces, pelées et coupées en cubes

1 enveloppe de demi-glace du commerce

30 ml (2 c. à soupe) d'huile d'olive

20 ml (1 c. à soupe + 1 c. à thé) de sirop d'érable

2 gouttes de vanille

Ciboulette pour la décoration

Sel et poivre noir du moulin

Faire bouillir les pommes de terre jusqu'à ce qu'elles soient tendres. Égoutter et réduire en purée avec 15 ml (1 c. à soupe) d'huile d'olive, 1 goutte de vanille, 5 ml (1 c. à thé) de sirop d'érable, du sel et du poivre. Réserver.

Chauffer le four à 200 °C (400 °F). Saler et poivrer les filets de porc au goût. Dans une poêle épaisse chauffée à feu vif, mettre l'huile d'olive qui reste et saisir les filets des deux côtés. Continuer de faire cuire au four jusqu'à la cuisson désirée. Entre-temps, préparer la demi-glace selon le mode de cuisson sur l'emballage. Ajouter 1 goutte de vanille et le reste du sirop d'érable. Pour servir, couper chaque filet en 4 morceaux en diagonale et disposer 2 morceaux sur chaque assiette.

Servir avec la purée de patate douce en accompagnement. Napper la viande de sauce.

Plat d'accompagnement suggéré : légumes cuits à la vapeur.

4 portions

Par portion (205 g), calories 370, lipides totaux 15 g, lipides saturés 4 g, cholésterol 95 mg, sodium 360 mg, glucides totaux 22 g, fibres 2 g, sucres 10 g, protéines 36 g

VIN SUGGÉRÉ :

Pinot Noir Diamond Label
Rosemount Estate
Représenté par : Maxxium

Filet mignon et pétoncles sur poireaux braisés

4 morceaux de filet mignon de 290 g (10 oz)

4 poireaux en julienne

30 ml (2 c. à soupe) de beurre

4 pétoncles

8 tranches de bacon

20 ml (4 c. à thé) de cognac

Sel et mélange de cinq poivres du moulin

Réchauffer le gril à feu vif. Verser le cognac sur les tranches de bacon. Saupoudrer de poivre. Enrouler 2 tranches de bacon autour de chaque filet. Saler légèrement. Cuire les filets de 6 à 7 minutes pour la cuisson à point-saignant et 2 minutes de plus pour la cuisson à point, tourner à mi-cuisson. Assaisonner les filets avec du poivre additionnel une minute avant de les retirer du gril.

Pendant la cuisson de la viande, cuire les poireaux en julienne à la vapeur pendant 45 secondes ou jusqu'à ce qu'ils soient tendres. Chauffer une poêle à feu vif et faire revenir les poireaux dans la moitié du beurre pendant environ 3 minutes. Retirer de la poêle. Dans la même poêle, saisir les pétoncles à feu vif dans le reste du beurre, environ 3 minutes par côté. Saler et poivrer. Pour servir, disposer les poireaux sur l'assiette à côté du filet mignon et couvrir d'un pétoncle.

4 portions

Par portion (446 g), calories 690, lipides totaux 35 g, lipides saturés 15g, cholestérol 225 mg, sodium 970 mg, glucides totaux 14 g, fibres 2 g, sucres 4 g, protéines 74 g

VIN SUGGÉRÉ :

Cabernet-Sauvignon
BIN 407 Penfolds
Représenté par : Maxxium

163

Carré de cochonnet biologique de Sainte-Madeleine cuit doucement

2 carrés de cochonnet

90 ml (6 c. à soupe) d'huile d'olive
plus 5 ml (1 c. à thé) pour la décoration

Sel et poivre noir du moulin

400 g (14 oz) d'épinards frais, lavés et parés

15 ml (1 c. à soupe) de piment rouge

250 ml (1 tasse) de bouillon de légumes

45 ml (3 c. à soupe) de Riesling

Légumes variés, comme des carottes, du panais, du maïs, des pois sucrés et des champignons sauvages, pelés au besoin et coupés en dés

60 ml (4 c. à soupe) d'herbes fraîches hachées, comme du thym, du romarin, du persil, du cerfeuil et de la livèche

Chauffer le four à 150 °C (300 °F). Mettre les carrés de cochonnet sur un plat de cuisson et arroser avec presque toute l'huile d'olive. Saler et poivrer au goût. Faire rôtir la viande pendant environ 20 minutes ou au goût; la tourner occasionnellement et la badigeonner d'huile d'olive. Retirer du four et laisser reposer pendant 10 minutes avant de la trancher.

Pendant que la viande cuit, faire bouillir une grande casserole d'eau. Ajouter les épinards et cuire rapidement. Égoutter et immerger dans l'eau froide pour arrêter la cuisson. Égoutter de nouveau. Réduire les épinards en purée au robot culinaire avec le piment. Ajouter un peu d'eau au besoin. Garder au chaud. Dans une deuxième grande casserole, amener le bouillon et le vin à ébullition. Ajouter les légumes. Couvrir, réduire à feu doux et cuire pendant environ 5 minutes. Égoutter les légumes et réserver au chaud. Remettre le liquide dans la casserole pour faire une réduction. Quand le liquide est suffisamment réduit, ajouter les herbes.

Pour servir, disposer la purée d'épinards sur la moitié d'un plat de service. Recouvrir des légumes. Déposer la viande tranchée à côté des légumes et arroser de la réduction et d'huile d'olive.

4 portions

Par portion (426 g), calories 620, lipides totaux 46 g, lipides saturés 11 g, cholésterol 100 mg, sodium 950 mg, glucides totaux 10 g, fibres 5 g, sucres 4 g, protéines 38 g

VIN SUGGÉRÉ :

FONTANAFREDDA

BARBERA D'ALBA

Fontanafredda Barbera D'Alba
Représenté par :
Les Agences Whitehall

Panais
pois sucrés

Arrosto di vitello
Veau rôti

45 ml (3 c. à soupe) d'huile d'olive extra vierge

2 gousses d'ail pelées et écrasées

225 g (½ lb) de radicchio haché

22 ml (1½ c. à soupe) de prosciutto coupé
en fines lamelles

Sel et poivre noir du moulin

85 ml (⅓ tasse) de vin blanc sec

675 g (1½ lb) de filet de veau,
coupé en 4 morceaux

Brin de romarin frais pour la décoration

Chauffer l'huile à feu vif dans une poêle. Faire dorer les gousses d'ail. Ajouter le radicchio et le prosciutto. Réduire à feu moyen et cuire jusqu'à ce que les légumes soient tendres. Saler et poivrer au goût. Ajouter le vin et cuire à feu doux pendant 2 à 3 minutes. Au moyen d'une cuillère à rainures, retirer le mélange et réserver, en laissant le jus dans la poêle.

À feu vif, faire dorer le veau dans le jus qui reste dans la poêle. Couvrir et cuire à feu moyen-doux pendant 10 à 15 minutes jusqu'à ce que le veau soit tendre.

Servir le veau recouvert du mélange de radicchio. Décorer d'un brin de romarin.

4 portions

Par portion (215 g), calories 350, lipides totaux 20 g, lipides saturés 5 g, cholestérol 135 mg, sodium 250 mg, glucides totaux 3 g, fibres moins de 1 g, sucres 0 g, protéines 34 g

VIN SUGGÉRÉ :

CAMPO AI SASSI

ROSSO DI MONTALCINO

FRESCOBALDI

Campo ai Sassi D.O.C. Castelgiocondo,
Marchesi de' Frescobaldi
Offert par : Italvine

Carré d'agneau

2 carrés d'agneau

Sel et poivre noir du moulin

1 tomate coupée en dés

1 petite gousse d'ail émincée

Huile d'olive extra vierge

Vinaigre balsamique blanc

1 citron pelé et séparé en sections

30 g (1 oz) de fromage feta émietté

125 ml (½ tasse) d'olives noires

Origan grec

Menthe fraîche pour la décoration

Chauffer le four à 260 °C (500 °F). Saler et poivrer l'agneau. Dans une poêle épaisse, saisir la viande à feu vif dans 30 ml (2 c. à soupe) d'huile d'olive jusqu'à ce qu'elle soit bien dorée. Transférer dans un plat allant au four et cuire au four, à découvert, pendant 15 minutes. Retirer la viande du four et la laisser reposer pendant 10 à 15 minutes, à découvert, avant de la trancher.

Mélanger les tomates et l'ail ensemble et arroser d'un filet d'huile d'olive et de vinaigre balsamique blanc. Trancher l'agneau. Recouvrir du mélange de tomate, de quartiers de citron, de feta, d'olives noires et d'origan. Arroser d'un filet d'huile d'olive. Garnir de menthe fraîche.

4 portions

Par portion (277 g), calories 340, lipides totaux 19 g, lipides saturés 5 g, cholestérol 115 mg, sodium 440 mg, glucides totaux 7 g, fibres 2 g, sucres 2 g, protéines 36 g

VIN SUGGÉRÉ :

Norton Barrel Select
Représenté par :
Vins Philippe Dandurand inc.

Vodka

Filet de caribou et son émulsion de fruits des bois à la vodka, gratin de pommes de terre et pleurotes sautés

4 filets de caribou de 170 g (6 oz)

30 ml (2 c. à soupe) d'huile d'olive

6 pleurotes entiers

25 oignons perlés

Sel et poivre noir du moulin

Romarin et thym frais pour la décoration

GRATIN DE POMMES DE TERRE :

250 ml (1 tasse) de crème 35 %

15 ml (1 c. à soupe) de sirop d'érable

½ botte de ciboulette hachée

Brin de thym frais haché

4 grosses pommes de terre pelées et finement tranchées

125 ml (½ tasse) de fromage Oka râpé

ÉMULSION DE FRUITS DES BOIS :

125 ml (½ tasse) de bleuets

2 ml (½ c. à thé) de moutarde de Dijon

65 ml (¼ tasse) d'huile d'olive

30 ml (2 c. à soupe) de vodka

Sel et poivre noir du moulin

Pour préparer l'émulsion de fruits des bois, passer tous les ingrédients au robot culinaire et réserver. Pour préparer le gratin de pommes de terre, chauffer le four à 180 °C (350 °F). Chauffer la crème, le sirop d'érable, le thym et la ciboulette à feu vif dans une petite casserole. Cuire pendant quelques minutes, mais ne pas laisser bouillir. Disposer les pommes de terre dans le fond d'un plat allant au four de 13 x 13 cm (5 x 5 po). Verser le mélange de crème et de sirop sur les pommes de terre et cuire au four pendant 1 heure. Dix minutes avant la fin de la cuisson, ajouter le fromage Oka sur le mélange de pommes de terre et de crème, couvrir et continuer la cuisson. Laisser reposer pendant la préparation des filets de caribou.

Augmenter la chaleur du four à 200 °C (400 °F). Ajouter 30 ml (2 c. à soupe) d'huile d'olive dans une poêle chauffée à feu vif. Quand l'huile commence à fumer, ajouter les filets de caribou et saisir des deux côtés. Retirer de la poêle et continuer à faire cuire au four pendant 10 minutes ou jusqu'à la cuisson désirée. Retirer du four. Dans la même poêle, faire sauter les champignons et les oignons. Saler et poivrer au goût. Pour servir, déposer une cuillerée de gratin de pommes de terre sur l'assiette et recouvrir du mélange de champignons et d'oignons. Déposer la viande sur le mélange. Arroser d'un filet d'émulsion de fruits des bois et garnir d'herbes fraîches.

Plat d'accompagnement suggéré : légumes cuits à la vapeur.

4 portions

Par portion (840 g), calories 920, lipides totaux 48 g, lipides saturés 21 g, cholestérol 240 mg, sodium 320 mg, glucides totaux 66 g, fibres 14 g, sucres 15 g, protéines 58 g

VODKA SUGGÉRÉE :

ABSOLUT *Country of Sweden* **VODKA**

Absolut Vodka
Rerpésenté par : Maxxium

Poulet de maïs, glace au miel à la lavande et légumes-racines

TOWNE
HALL

4 poitrines de poulet, non désossées, avec la peau

MARINADE :

15 ml (1 c. à soupe) de moutarde jaune

4 ml (¼ c. à soupe) de moutarde de Dijon

2 gousses d'ail émincées

30 ml (2 c. à soupe) d'huile d'olive

15 ml (1 c. à soupe) de sel

Poivre noir du moulin

2 brins de romarin frais

2 brins de thym frais

GLACE AU MIEL :

65 ml (¼ tasse) de miel

Jus de 1 citron

8 ml (½ c. à soupe) d'eau de lavande, de rose ou de fleur d'oranger

LÉGUMES :

8 carottes miniatures équeutées

8 courgettes miniatures

8 courgettes d'été jaunes miniatures

4 tiges de rapini miniature

Mélanger les ingrédients pour la marinade dans un sac pour congélation. Ajouter les poitrines de poulet, couvrir de marinade et laisser au réfrigérateur pour la nuit. Pour préparer la glace au miel, mélanger tous les ingrédients dans un petit bol. Couvrir et réserver.

Retirer le poulet du réfrigérateur. Chauffer le four à 180 °C (350 °F). Dans une poêle épaisse pouvant aller au four, chauffer 15 ml (1 c. à soupe) d'huile d'olive à feu vif et saisir les poitrines de poulet jusqu'à ce qu'elles soient bien dorées et croustillantes. Mettre la poêle au four et cuire pendant 12 à 15 minutes. Badigeonner le poulet de glace au miel pendant les 3 dernières minutes de cuisson (la glace va brûler si elle est ajoutée trop tôt).

Cuire les légumes à la vapeur. Quand ils sont encore fermes, les égoutter et les transférer dans un plat allant au four. Réserver au chaud dans le four pendant 5 à 10 minutes pendant que le poulet finit de cuire. Pour servir, disposer le poulet et les légumes côte à côte sur une assiette de service.

Note : pour intensifier la saveur, badigeonner le poulet avec de fond de veau réduit avant de servir. Le poulet peut être grillé plutôt que saisi sur la cuisinière avant de le mettre au four.

4 portions

Par portion (516 g), calories 380, lipides totaux 10 g, lipides saturés 1,5 g, cholésterol 100 mg, sodium 130 mg, glucides totaux 32 g, fibres 5 g, sucres 24 g, protéines 44 g

VIN SUGGÉRÉ :

2005
COL DI SASSO
BANFI
CABERNET SAUVIGNON & SANGIOVESE

Banfi Col di Sasso
Représenté par : Charton Hobbs

Filet de veau accompagné d'une caponata de légumes grillés et d'une tapenade aux olives vertes

1 filet de veau de 225 g (8 oz)

Sel et poivre noir du moulin

15 ml (1 c. à soupe) d'huile d'olive

CAPONATA DE LÉGUMES :

15 ml (1 c. à soupe) d'huile d'olive

140 g (5 oz) de courge musquée, coupée en cubes

140 g (5 oz) de céleri rave, coupé en cubes

140 g (5 oz) de carottes coupées en dés

10 ml (2 c. à thé) de pignons grillés

10 ml (2 c. à thé) de raisins secs

10 ml (2 c. à thé) de vinaigre de vin rouge

Pincée de ciboulette fraîche hachée

Pincée d'échalote hachée

TAPENADE D'OLIVES VERTES :

4 grosses olives vertes dénoyautées

5 ml (1 c. à thé) d'huile d'olive

2 ml (½ c. à thé) de Sambal Olek (pâte de piments)

2 ml (½ c. à thé) de zeste de limette émincé

2 ml (½ c. à thé) de zeste d'orange émincé

Pincée d'échalote émincée

Pincée d'herbes fraîches émincées, comme du basilic, de la menthe, du thym ou de la ciboulette

CONFIT DE CITRON :

Zeste d'un citron Meyer
(voir la note ci-dessous)

Chauffer le gril à feu vif et le four à 200 °C (400 °F). Saler et poivrer le veau des deux côtés. Saisir la viande de tous les côtés sur le gril. Transférer dans un plat allant au four et mettre au four pendant 10 minutes. Retirer du four et laisser reposer pendant 7 minutes avant de trancher la viande.

Pour préparer la caponata, chauffer l'huile d'olive à feu vif dans une poêle épaisse et saisir les courges, le céleri rave et les carottes séparément. Transférer tous les légumes sur un plateau de cuisson et cuire au four à 200 °C (400 °F) jusqu'à tendreté. Dans un grand bol, mélanger avec les pignons, les raisins secs, le vinaigre, la ciboulette et les échalotes. Réserver. Pour préparer la tapenade, hacher grossièrement les olives, l'huile d'olive et le Sambal Olek au robot culinaire. Transférer dans un bol et mélanger avec les échalotes, la limette, le zeste d'orange et les herbes fraîches. Pour servir, disposer la caponata sur une assiette de service et couvrir du veau tranché. Avec une cuillère, déposer la tapenade sur le veau et garnir du confit de citron.

Note : les citrons Meyer, qui sont sucrés et parfaits comme décoration, sont disponibles en saison seulement. Pour préparer le confit avec des citrons ordinaires, faire bouillir le zeste de citron, égoutter et répéter deux autres fois avec de l'eau fraîche pour enlever l'amertume.

2 portions

VIN SUGGÉRÉ :

PÈPPOLI
CHIANTI CLASSICO

ANTINORI

Chianti Classico PEPPOLI Antinori
Représenté par : Maxxium

Veau : par portion (113 g), calories 140, lipides totaux 4,5 g, lipides saturés 1,5 g, cholestérol 95 mg, sodium 110 mg, glucides totaux 0 g, fibres 0 g, sucres 0 g, protéines 23 g
Légumes grillées : par portion (238 g), calories 240, lipides totaux 16 g, lipides saturés 2,5 g, cholestérol 0 mg, sodium 100 mg, glucides totaux 24 g, fibres 6 g, sucres 10 g, protéines 3 g
Tapenade aux olives vertes : par portion (17 g), calories 45, lipides totaux 4,5 g, lipides saturés 0 g, cholestérol 0 mg, sodium 260 mg, glucides totaux 1 g, fibres 0 g, sucres 0 g, protéines 0 g

Filet mignon grillé

4 filets non désossés de 5 cm (2 po) d'épaisseur

1 bulbe d'ail, rôti à l'huile d'olive et au thym

MÉLANGE D'ÉPICES :

2 c. à thé (10 ml) de coriandre moulue

5 ml (1 c. à thé) de sel

5 ml (1 c. à thé) de flocons de piment rouge

10 ml (2 c. à thé) de graines de moutarde

10 ml (2 c. à thé) de fenouil moulu

10 ml (2 c. à thé) de poudre d'ail

10 ml (2 c. à thé) de flocons d'oignon

10 ml (2 c. à thé) de poivre noir du moulin

Réchauffer le gril à feu vif. Saisir les filets de 2 à 3 minutes de chaque côté. Réduire à feu doux. Cuire les filets de 8 à 9 minutes de chaque côté pour une cuisson à point-saignant. Assaisonner les filets du mélange d'épices 1 minute avant de les retirer du gril.

Chauffer le four à 200 °C (400 °F). Pour préparer l'ail rôti, couper le bout pointu du bulbe et arroser d'un filet d'huile d'olive. Assaisonner d'une pincée de sel, de poivre et de thym. Cuire au four, bout coupé vers le haut, pendant 20 à 25 minutes. Avant de servir, placer le bulbe d'ail rôti sur le filet.

4 portions

Par portion (187 g), calories 550, lipides totaux 38 g, lipides saturés 15 g, cholestérol 160 mg, sodium 110 mg, glucides totaux 0 g, fibres 0 g, sucres 0 g, protéines 47 g

VIN SUGGÉRÉ :

ERRAZURIZ
FAMILY OWNED SINCE 1870
ACONCAGUA VALLEY

MAX RESERVA

WINE OF CHILE

CABERNET SAUVIGNON

PRODUCED AND BOTTLED BY VIÑA ERRAZURIZ, CHILE

Errazuriz Max Reserva
Représenté par :
Vins Philippe Dandurand inc.

Risotto
d'orge

Risotto d'orge, betteraves miniatures caramélisées et filet de porc grillé

GLOBE

2 filets de porc, environ 450 g (1 lb) chacun

Sel et poivre noir du moulin

MARINADE :

1 bulbe d'ail haché grossièrement

1 poivron rouge haché grossièrement

1 oignon rouge haché grossièrement

4 brins de coriandre

250 ml (1 tasse) d'huile d'olive

BETTERAVES :

12 betteraves miniatures jaunes ou bicolores

Pincée de romarin, de thym ou de marjolaine séchés

45 ml (3 c. à soupe) de miel

RISOTTO D'ORGE :

2 ml (1 c. à thé) d'huile de canola

½ oignon haché finement

500 ml (2 tasses) d'orge cru

750 ml (3 tasses) de bouillon de légumes, frais ou en conserve

30 ml (2 c. à soupe) de parmesan râpé

Basilic, sauge, persil frais hachés

Les betteraves peuvent être préparées la veille. Chauffer le four à 180 °C (350 °F). Assaisonner de romarin, de sel et de poivre. Envelopper les betteraves dans du papier d'aluminium et cuire pendant 40 à 50 minutes ou jusqu'à ce qu'elles soient tendres. Mettre au réfrigérateur jusqu'au lendemain. Percer les filets de porc avec un couteau acéré à plusieurs endroits avant de les mariner. Dans un grand contenant ou un sac ziplock, combiner les ingrédients de la marinade et ajouter les filets, en les couvrant bien avec la marinade. Laisser reposer au moins 6 heures ou toute la nuit.

Pour préparer le repas, sortir les betteraves du réfrigérateur et les couper en quatre. Dans une poêle épaisse, faire revenir les betteraves à feu vif avec le miel. Retirer les betteraves quand elles sont glacées et caramélisées. Pendant ce temps, préparer le risotto. Chauffer l'huile de canola à feu moyen dans une poêle. Ajouter l'oignon et brasser. Avant que l'oignon commence à colorer, ajouter l'orge. Cuire de 3 à 5 minutes, en remuant à l'occasion. Ajouter le bouillon en petites quantités jusqu'à ce que l'orge soit à peine couvert. Remuer pour l'empêcher de coller. Continuer à ajouter le bouillon et à brasser jusqu'à ce que presque tout le bouillon ait été absorbé. L'orge devrait être encore ferme. Au moment de servir, incorporer le parmesan, le basilic, le persil et la sauge.

VIN SUGGÉRÉ :

WOLF BLASS

Premium
SELECTION

SOUTH AUSTRALIA
CABERNET SAUVIGNON

Cabernet-Sauvignon
Premium Selection Wolf Blass
Représenté par : Maxxium

Retirer les filets de porc de la marinade, saler et poivrer. Chauffer l'huile à feu vif dans une poêle. Saisir les filets de tous les côtés. Réduire la chaleur et continuer à cuire, à découvert, jusqu'à ce que les filets aient atteint la cuisson désirée. Trancher et disposer sur une assiette de service autour du risotto recouvert des betteraves.

Substitution : du veau peut être utilisé plutôt que du porc.

4 portions

Par portion (730 g), calories 760, lipides totaux 16 g, lipides saturés 4,5 g, cholestérol 115 mg, sodium 540 mg, glucides totaux 107 g, fibres 23 g, sucres 30 g, protéines 52 g

Suprême de pintade aux champignons

4 poitrines de pintade

30 ml (2 c. à soupe) d'huile de canola

250 ml (1 tasse) de fond de volaille

200 g (7 oz) de champignons au choix

1 échalote émincée

Sel et poivre noir du moulin

4 brins de thym pour la décoration

Dans une poêle épaisse chauffée à feu vif, cuire les poitrines de pintade dans l'huile de canola pendant environ 10 minutes. Retirer de la poêle et mettre sur une assiette chaude. Déglacer la poêle avec le bouillon de poulet, en grattant le fond. À feu doux, réduire le bouillon jusqu'à ce qu'il ait épaissi. Saler et poivrer.

Faire revenir les champignons à feu vif dans la même poêle. Ajouter les échalotes et faire sauter quelques minutes. Pour servir, mettre chaque poitrine de pintade sur une assiette et recouvrir du mélange de champignons et d'échalotes. Arroser d'un filet du jus dans la poêle et décorer avec du thym frais.

Plat d'accompagnement suggéré : légumes verts cuits à la vapeur.

4 portions

Par portion (485 g), calories 560, lipides totaux 19 g, lipides saturés 4,5 g, cholestérol 210 mg, sodium 290 mg, glucides totaux 3 g, fibres moins de 1 g, sucres 1 g, protéines 90 g

VIN SUGGÉRÉ :

Bolgheri Superiore
Le Serre Nuove dell'Ornellaia
Représenté par : Maxxium

Desserts

Martini aux baies sauvages, yogourt, basilic et zeste d'orange **p185** Poires au vin et au caramel **p186** Nougat, figues, amandes et compote de tomates **p189** Parfait aux bananes, petits fruits et yogourt **p190** Carrés au chocolat **p193** Giboulée de griottes **p194** Figues confites au muscat **p197** Panacotta légère au chocolat **p198** Gâteau quatre quarts **p201** Crème brûlée Karithopita **p202** Gâteau au fromage et chocolat blanc **p205** Insalata di fragole con aceto balsamico - Salade de fraises au vinaigre balsamique **p206**

mûres

Martini aux baies sauvages, yogourt, basilic et zeste d'orange

115 g (4 oz) de fraises coupées en quatre

115 g (4 oz) de framboises

115 g (4 oz) de mûres

115 g (4 oz) de bleuets

Zeste et jus d'une orange

Zeste d'un demi-citron

20 g (¾ oz) de basilic frais finement tranché

30 g (1 oz) de sucre

115 g (4 oz) de yogourt léger nature

Brin de menthe pour la décoration

Mettre les fruits dans un bol avec le zeste d'orange, le zeste de citron, le basilic et le sucre. Mélanger doucement. Laisser mariner pendant 10 minutes. Diviser le mélange de fruits dans 4 verres à martini et napper de jus d'orange. Garnir d'une cuillerée de yogourt et d'un brin de menthe.

Substitution : du fromage mascarpone peut être utilisé à la place du yogourt, mais il augmentera les lipides et le nombre de calories.

4 portions

Par portion (170 g), calories 110, lipides totaux 1 g, lipides saturés 0 g, cholestérol 0 mg, sodium 20 mg, glucides totaux 24 g, fibres 5 g, sucres 18 g, protéines 3 g

mûres
bleuets
framboises

VIN SUGGÉRÉ :

O'Casey's Irish Cream
Représenté par :
Les Agences Whitehall

Poires au vin et au caramel

500 ml (2 tasses) de vin rouge

155 g (5½ oz) de sucre

190 ml (¾ tasse) d'eau

1 bâton de cannelle

1 anis étoilé

5 ml (1 c. à thé) des grains de poivre entiers

3 grains de cardamome entiers

4 poires mûres

YOGOURT À LA VANILLE :

250 ml (1 tasse) de yogourt nature

30 ml (2 c. à soupe) de miel

½ gousse de vanille *(voir la note)*

La préparation du yogourt à la vanille doit commencer la veille. Mettre le yogourt nature dans un filtre à café et laisser s'égoutter dans un bol toute la nuit. Le lendemain, jeter le liquide et verser le yogourt épaissi dans un petit bol. Ajouter le miel et la vanille et bien mélanger.

Dans une casserole de taille moyenne, à feu moyen, chauffer le vin rouge, le sucre, l'eau et les épices. Entre-temps, peler chaque poire en conservant la tige. En commençant par la partie inférieure, utiliser une cuillère parisienne pour retirer les pépins et évider le centre. Ajouter les poires au mélange de vin et laisser mijoter, à découvert, jusqu'à ce qu'elles soient tendres sous la fourchette. Retirer la casserole du feu et laisser refroidir.

Réserver les poires et filtrer le sirop dans une passoire pour enlever les épices. Remettre 125 ml (½ tasse) de sirop dans la casserole pour faire le caramel. Mettre le reste du sirop et les poires cuites dans un un bol jusqu'au moment de servir. Préparer le caramel en réduisant le sirop à feu doux jusqu'à ce qu'il soit assez épais pour couvrir le dos d'une cuillère. Pour servir, étendre le caramel dans le centre de l'assiette comme base pour la poire. Déposer la poire sur le caramel et napper de sirop. Décorer l'assiette avec le caramel et garnir d'une cuillerée de yogourt.

Note : pour retirer les gousses de vanille de la capsule, gratter l'intérieur avec un couteau. Si ce dessert est préparé quelques jours à l'avance, les épices doivent être retirées avant la réfrigération.

4 portions

Par portion (395 g), calories 410, lipides totaux 2 g, lipides saturés 0,5 g, cholestérol 5 mg, sodium 50 mg, glucides totaux 79 g, fibres 4 g, sucres 67 g, protéines 4 g

Poires au vin

Nougat

Nougat, figues, amandes et compote de tomates

LE CLUB
CHASSE
et PÊCHE

NOUGAT :

85 g (3 oz) d'eau

250 ml (1 tasse) de sucre

75 ml (⅓ tasse) de miel

6 gros blancs d'œuf

1,25 L (5 tasses) de crème 35 %

12 figues sèches hachées

30 ml (2 c. à soupe) d'amandes hachées

30 ml (2 c. à soupe) de pistaches hachées

45 ml (3 c. à soupe) de gingembre mariné haché

250 ml (1 tasse) de zestes d'orange confits, pour la décoration *(recette ci-dessous)*

COMPOTE DE TOMATES :

3 kg (6,6 lb) de tomates cerises orange ou rouges

3 L (12 tasses) d'eau pour bouillir

1 kg (4½ tasses) de sucre

125 ml (½ tasse) de miel

1 gousse de vanille

Pincée de sel

Pour faire le nougat, combiner l'eau, le sucre et le miel dans une petite casserole et chauffer jusqu'à 120 °C (250 °F). Entre-temps, battre les œufs en neige dans un bol jusqu'à ce qu'ils soient fermes. Quand le mélange de miel est prêt, le verser rapidement sur les blancs d'œufs. Battre jusqu'à ce que le mélange reprenne sa fermeté. Dans un autre bol, fouetter la crème jusqu'à ce qu'elle soit presque ferme. Incorporer les figues, les amandes, les pistaches et le gingembre. Incorporer au mélange de blancs d'œuf en pliant délicatement. Couvrir le fond d'une plaque à pâtisserie avec du papier sulfurisé. Une cuillerée à la fois, déposer le mélange sur le papier sulfurisé et lui donner une forme d'amande en pressant délicatement. Mettre la plaque au congélateur. Le nougat congelé peut être conservé au congélateur pendant plusieurs mois dans un contenant hermétique.

Préparer la compote de tomates en faisant 2 petites incisions perpendiculaires dans le haut de chaque tomate. Blanchir les tomates dans de l'eau salée pour un maximum de 10 secondes. Refroidir dans un bain de glace. Peler les tomates lorsqu'elles sont froides. Dans une grande casserole, amener l'eau, le sucre, le miel et la gousse de vanille à ébullition. Ajouter les tomates et laisser mijoter pendant 20 minutes. Retirer les tomates et les refroidir au réfrigérateur. Chauffer le mélange de sucre et de miel à feu doux et réduire de moitié. Retirer du feu et refroidir. Ajouter les tomates refroidies. Pour servir, déposer le nougat congelé dans le centre de l'assiette et ajouter la réduction de tomates. Garnir de zestes d'orange confits, si on le désire.

Note : voir la recette des zestes de citron confits à la page 36. Utiliser des oranges plutôt que des citrons.

36 portions

Nougat : par portion (30 g), calories 35, lipides totaux 0 g, lipides saturés 0 g, cholestérol 0 mg, sodium 0 mg, glucides totaux 9 g, fibres 0 g, sucres 9 g, protéines 0 g

Compote de tomates : par portion (30 g), calories 35, lipides totaux 0 g, lipides saturés 0 g, cholestérol 0 mg, sodium 0 mg, glucides totaux 9 g, fibres 0 g, sucres 9 g, protéines 0 g

VIN SUGGÉRÉ :

Passito di Panteleria
BEN RYÉ Donnafugata
Représenté par : Maxxium

Parfait aux bananes, petits fruits et yogourt

250 ml (1 tasse) de bleuets

125 ml (½ tasse) de fraises

125 ml (½ tasse) de mûres

15 ml (1 c. à soupe) de sucre glace

5 ml (1 c. à thé) de jus de citron

750 ml (3 tasses) de yogourt aux bananes ou à la vanille

Crème fouettée (facultatif)

4 biscuits (facultatif)

STREUSEL :

125 ml (½ tasse) de farine tout usage

75 ml (⅓ tasse) de cassonade

75 ml (⅓ tasse) de sucre blanc

30 ml (2 c. à soupe) de flocons d'avoine

150 ml (½ tasse plus 2 c. à soupe) de beurre, réfrigéré et coupé en cubes

65 ml (¼ tasse) de croustilles de bananes broyées

Chauffer le four à 180 °C (350 °F). Préparer le streusel en mélangeant la cassonade, le sucre blanc, la farine et les flocons d'avoine dans un robot culinaire. Ajouter le beurre et mélanger par impulsion jusqu'à ce que la préparation soit homogène. Étendre le mélange sur une plaque à pâtisserie et cuire au four jusqu'à ce qu'il soit doré, environ 10 minutes. Pendant la cuisson, remuer toutes les 2 à 3 minutes pour séparer les gros morceaux. Retirer du four et laisser refroidir. Incorporer les croustilles de bananes.

Avant d'assembler les parfaits, mélanger les petits fruits avec le sucre glace et assez de jus de citron pour couvrir. Dans chaque coupe à parfait, mettre une couche de yogourt, ensuite les fruits et enfin le streusel. Laisser un espace de 2,5 cm (1 po) dans le haut du verre.

Servir avec une cuillerée de crème fouettée et décorer d'un biscuit, si on le désire.

Substitution : des noix macadamia peuvent être utilisées plutôt que les croustilles de bananes.

10 portions

Par portion (170 g), calories 380, lipides totaux 20 g, lipides saturés 13 g, cholestérol 45 mg, sodium 50 mg, glucides totaux 47 g, fibres 3 g, sucres 36 g, protéines 4 g

VIN SUGGÉRÉ :

O'Casey's Irish Cream
Représenté par :
Les Agences Whitehall

Chocolat

Carrés au chocolat

115 g (4 oz) de beurre

115 g (4 oz) de chocolat noir 64 %

2 œufs

170 g (6 oz) de sucre

125 ml (½ tasse) de farine

65 ml (¼ tasse) de poudre de cacao

125 ml (½ tasse) de pépites de chocolat blanc

125 ml (½ tasse) de pépites de chocolat au lait

Chauffer le four à 180 °C (350 °F). Faire fondre le beurre et le chocolat noir ensemble au bain-marie ou au four micro-ondes. Dans un bol de taille moyenne, fouetter les œufs et le sucre jusqu'à ce qu'ils soient crémeux.

Incorporer au mélange de beurre et de chocolat en pliant. Tamiser la farine et la poudre de cacao ensemble et ajouter au mélange de beurre et de chocolat, en pliant délicatement. Incorporer les pépites de chocolat blanc et de chocolat au lait en pliant.

Verser dans un plat de 23 x 23 cm (9 x 9 po) et cuire pendant 35 à 40 minutes. Lorsque la préparation a refroidi, couper en carrés et servir.

16 carrés

Par portion (44 g), calories 200, lipides totaux 11 g, lipides saturés 7 g, cholestérol 30 mg, sodium 85 mg, glucides totaux 25 g, fibres 1 g, sucres 17 g, protéines 2 g

VIN SUGGÉRÉ :

Passito di Pantelleria d.o.c.
Pellegrino
Offert par : Italvine

Giboulée de griottes

cuisine inspirée

GARNITURE DE YOGOURT :

500 ml (2 tasses) de yogourt nature ordinaire ou 2 %

125 ml (½ tasse) d'eau

125 ml (½ tasse) de sucre

GRIOTTES :

5 ml (1 c. à thé) de beurre

5 ml (1 c. à thé) d'huile d'olive

30 ml (2 c. à soupe) de cassonade

5 ml (1 c. à thé) de cannelle moulue

10 ml (2 c. à thé) de vinaigre blanc

225 g (8 oz) de griottes

Pincée de poivre blanc

CROUSTADE :

125 ml (½ tasse) de farine

125 ml (½ tasse) de sucre

125 ml (½ tasse) de noix broyées au choix

1 g (¼ c. à thé) de piment sichuanais

125 ml (½ tasse) de beurre

SORBET AUX BLANCS D'ŒUFS :

5 blancs d'œufs

60 ml (4 c. à soupe) de sucre

75 ml (⅓ tasse) de noix de Grenoble moulues

GARNITURE DE YOGOURT : Dans un bol de taille moyenne, mélanger les ingrédients ensemble jusqu'à ce qu'ils soient bien incorporés et mettre au congélateur, à couvert, pendant 6 heures, en remuant bien toutes les 2 heures. (La garniture peut aussi être préparée dans une machine à crème glacée.)

GRIOTTES : Cuire le beurre, l'huile d'olive, la cassonade et la cannelle à feu doux dans une casserole de taille moyenne jusqu'à ce que le mélange soit légèrement caramélisé, en remuant à l'occasion. Ajouter le vinaigre, les griottes et le poivre et cuire lentement, à couvert, pendant 1 heure ou jusqu'à ce que les griottes soient légèrement confites. Mettre dans un contenant et réfrigérer.

SORBET AUX BLANCS D'ŒUFS : Dans un bol de taille moyenne, battre les blancs d'œuf jusqu'à ce qu'ils forment des pics mous. Ajouter du sucre et continuer à battre jusqu'à l'obtention de pics fermes. Incorporer délicatement les noix de Grenoble en pliant. Séparer la meringue dans des ramequins de 5 cm (2 po) de hauteur et mettre au micro-ondes à puissance maximale pendant 30 secondes. Mettre au réfrigérateur jusqu'à ce que la meringue soit froide.

CROUSTADE : Chauffer le four à 150 °C (300 °F). Dans un bol de taille moyenne, mélanger la farine, le sucre, les noix, le piment et le beurre. Former en petits carrés, mettre une plaque à biscuits et cuire au four pendant 10 minutes. Laisser refroidir.

POUR SERVIR : Mettre une cuillerée de sorbet sur l'assiette, couvrir de la croustade, garnir de yogourt et décorer avec les griottes.

20 à 30 portions

Par portion (190 g), calories 470, lipides totaux 17 g, lipides saturés 6 g, cholésterol 25 mg, sodium 190 mg, glucides totaux 77 g, fibres 1 g, sucres 29 g, protéines 7 g

VIN SUGGÉRÉ :

COCKBURN'S
SPECIAL RESERVE
PORT-PORTO

Porto Cockburn's Special Reserve
Représenté par : Maxxium

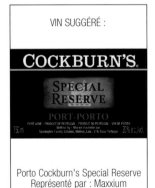

Figues confites au muscat

8 bottes de roquette

FIGUES CONFITES :

20 ml (4 c. à thé) de cassonade

8 figues fraîches

80 ml (5 c. à soupe plus 1 c. à thé) de fromage Serra

Brin de romarin frais haché

Miel pour arroser

CONFITURE DE MÛRES ET DE MUSCAT :

250 ml (1 tasse) de vinaigre de vin rouge

65 ml (¼ tasse) de sucre blanc

250 ml (1 tasse) de mûres fraîches

250 ml (1 tasse) de muscat

Pour préparer les figues confites, chauffer le four à 180 °C (350 °F). Mettre la cassonade dans un petit plat allant au four et couvrir avec les figues. Cuire pendant environ 3 minutes. Retirer du four, couper les figues en deux et déposer 5 ml (1 c. à thé) de fromage sur chaque moitié. Saupoudrer d'une pincée de romarin.

Griller au four jusqu'à ce qu'elles soient dorées, environ 30 secondes.

Pour préparer la confiture, mélanger le vinaigre de vin rouge et le sucre dans une casserole et amener à ébullition à feu vif. Réduire le liquide de moitié. Ajouter la plupart des mûres et le muscat. Réduire à feu doux et cuire jusqu'à ce que liquide ait épaissi; filtrer ensuite dans une passoire. Remettre la confiture dans la casserole, ajouter les dernières mûres et amener à ébullition. Retirer du feu.

Pour servir, déposer la roquette sur une assiette. Disposer les figues farcies sur la roquette et arroser d'un filet de miel. Décorer l'assiette avec la confiture.

8 portions

Par portion (165 g), calories 150, lipides totaux 1,5 g, lipides saturés 1 g, cholestérol 5 mg, sodium 80 mg, glucides totaux 27 g, fibres 3 g, sucres 23 g, protéines 2 g

VIN SUGGÉRÉ :

Moscatel de Setubal 2001

Alambre,
Moscatel de Setubal 2001
Offert par : LCC

197

Panacotta légère au chocolat

3 feuilles de gélatine

400 ml (1²/₃ tasse) de lait 1 %

115 g (4 oz) de chocolat 70 % concassé

10 ml (2 c. à thé) de miel

Dissoudre les feuilles de gélatine dans un peu d'eau froide.

Dans une casserole, chauffer le lait à feu moyen jusqu'à ce qu'il commence à peine à bouillir. Retirer du feu. Ajouter la gélatine dissoute et brasser.

Dans un autre bol, verser le mélange de lait chaud sur les morceaux de chocolat.
Ajouter le miel en fouettant jusqu'à ce qu'il soit bien incorporé. Verser dans 4 ramequins et réfrigérer.

4 portions

Par portion (149 g), calories 230, lipides totaux 7 g, lipides saturés 5 g, cholestérol 5 mg,
sodium 140 mg, glucides totaux 21 g, fibres 1 g, sucres 18 g, protéines 23 g

miel
chocolat

VIN SUGGÉRÉ :

Taylor Fladgate
Porto Late Bottled Vintage
Représenté par :
Les Agences Whitehall

Gâteau quatre quarts

TOWNE
HALL

GÂTEAU :

450 g (1 lb) de beurre

500 ml (2 tasses) de sucre

10 œufs

30 ml (2 c. à soupe) de vanille

500 ml (2 tasses) de farine

15 ml (1 c. à soupe) de levure chimique

250 ml (1 tasse) de marmelade

SIROP :

500 ml (2 tasses) d'eau

375 ml (1½ tasse) de sucre

5 ml (1 c. à thé) de jus de citron

Mousse au chocolate

225 g (½ lb) de chocolat noir 70 %

500 ml (2 tasses) de crème 35 %

Chauffer le four à 180 °C (350 °F). Dans un grand bol, crémer le beurre avec le sucre jusqu'à ce que le mélange soit léger. Ajouter les œufs, la vanille et continuer à battre. Dans un autre bol, combiner la farine et la poudre à pâte. Mélanger lentement les ingrédients secs au mélange d'œufs. Incorporer la marmelade en pliant. Verser les ingrédients dans un plat de cuisson graissé de 35 x 25 cm (13 x 9 po) et mettre au four pendant 30 à 35 minutes.

Pour préparer le sirop, faire bouillir tous les ingrédients dans une casserole. Brasser le sucre jusqu'à ce qu'il soit dissout. Retirer du feu. Verser le sirop chaud sur le gâteau dans le plat. Laisser refroidir et servir.

Fondre le chocolat dans un bain-marie ou au four micro-ondes. Laisser refroidir. Fouetter la crème. Ajouter le tiers de la crème fouettée au chocolat, en fouettant vigoureusement. Plier délicatement ce mélange dans le reste de la crème fouettée. Réfrigérer. Cette mousse peut être servie comme garniture pour le gâteau quatre quarts.

Option : pour une saveur d'orange légèrement plus forte, ajouter 60 ml (4 c. à soupe) de Grand Marnier au sirop juste avant de le retirer de la chaleur.

20 à 24 portions

Par portion (106 g), calories 440, lipides totaux 25 g, lipides saturés 15 g, cholestérol 155 mg, sodium 110 mg, glucides totaux 51 g, fibres 0 g, sucres 40 g, protéines 4 g

Crème brûlée Karithopita

GÂTEAU :

150 ml (½ tasse plus 2 c. à soupe) de farine tout usage

2 ml (½ c. à thé) de levure chimique

5 ml (1 c. à thé) de cannelle

30 ml (2 c. à soupe) de poudre de cacao

Pincée de sel

150 ml (½ tasse plus 2 c. à soupe) de noix de Grenoble hachées

10 œufs séparés

150 ml (10 c. à soupe) de sucre

SIROP :

250 ml (1 tasse) de sucre blanc

250 ml (1 tasse) d'eau

15 ml (1 c. à soupe) de poudre de cacao

CRÈME BRÛLÉE :

750 ml (3 tasses) de crème 35 %

125 ml (½ tasse) de lait homogénéisé

Zeste d'une orange

175 ml (¾ tasse) de sucre blanc

8 jaunes d'œufs

45 ml (3 c. à soupe) de Grand Marnier

Sucre blanc pour décorer

Chauffer le four à 180 °C (350 °F). Dans un grand bol, mesurer et tamiser ensemble la farine, la levure chimique, la cannelle, la poudre de cacao et le sel. Ajouter les noix hachées et bien mélanger. Battre 10 jaunes d'œuf avec 75 ml (5 c. à soupe) de sucre jusqu'à ce qu'ils soient très pâles. Réserver.

Pour préparer le sirop, amener l'eau et le sucre à ébullition. Ajouter le cacao et amener à ébullition encore une fois. Retirer immédiatement du feu. Dans un autre bol, battre 10 blancs d'œuf en neige avec le reste du sucre. Verser les jaunes d'œuf dans le bol contenant le mélange de farine. Ajouter délicatement le quart du mélange de blancs d'œuf sur le mélange de jaunes d'œuf et de farine. Incorporer les ingrédients en pliant. Ajouter le reste des blancs d'œuf et incorporer en pliant. Remplir à moitié des moules à savarin de 7,5 cm de largeur (3 po) avec la pâte.

Cuire au four pendant 25 minutes. Retirer du four et badigeonner immédiatement la surface de sirop chaud. Laisser refroidir. Réduire le four à 125 °C (250 °F).

Pour préparer la crème brûlée, fouetter la crème, le lait, le zeste et la moitié du sucre dans une casserole et amener à ébullition. Retirer du feu. Battre les jaunes d'œuf avec le reste du sucre jusqu'à ce qu'ils soient très pâles. Ajouter une cuillerée de mélange de crème chaud aux jaunes d'œuf froids et bien mélanger. Ajouter le reste du mélange de crème et mélanger. Ajouter le Grand Marnier et bien mélanger.

Avec une cuillère, déposer 2 cm (¾ po) de mélange de crème brûlée sur chaque gâteau refroidi. Mettre au four pendant 45 à 60 minutes. Ne pas trop cuire. La crème brûlée est molle au moment de sortir du four. Laisser refroidir, puis réfrigérer. Juste avant de servir, saupoudrer le sucre granulé sur les gâteaux et mettre sous le gril ou griller avec une torche jusqu'à ce que le sucre bouillonne et soit bien doré.

8 à 10 portions

Par portion (212 g), calories 640, lipides totaux 41 g, lipides saturés 20 g, cholestérol 480 mg,

sodium 160 mg, glucides totaux 59 g, fibres 1 g, sucres 50 g, protéines 13 g

VIN SUGGÉRÉ :

TAYLOR FLADGATE®
20
YEAR OLD TAWNY PORT
Aged for 20 years in wood

20% alc./vol.   750 ml

Taylor Fladgate 20 Year Old
Tawny Port
Représenté par :
Les Agences Whitehall

Fromage

Gâteau au fromage et chocolat blanc

250 ml (1 tasse) de crème 35 %

5 ml (1 c. à thé) de vanille

500 ml (2 tasses) de fromage à la crème, à la température ambiante

12 sachets d'édulcorant faible en calorie

500 ml (2 tasses) de fromage cottage 4 % à texture fine

375 ml (1½ tasse) de chocolat blanc haché

Biscuits graham broyés

Petits fruits frais pour la décoration

Chocolat noir fondu

Dans un petit bol, fouetter doucement la crème avec un batteur électrique jusqu'à ce qu'elle épaississe légèrement. Incorporer la vanille en battant. Dans un grand bol, battre le fromage à la crème et l'édulcorant jusqu'à ce que le mélange soit velouté. Ajouter le fromage cottage et battre jusqu'à ce que la préparation soit bien mélangée.

Fondre le chocolat blanc dans un bain-marie ou au four micro-ondes. Retirer du feu. Déposer une petite quantité de fromage à la crème dans le chocolat fondu. Mélanger doucement pour combiner le tout. Verser le mélange de fromage à la crème et de chocolat et incorporer en pliant. Plier délicatement la crème dans la préparation.

Presser une mince couche de biscuits graham dans le fond de plats individuels. Verser le mélange par dessus. Réfrigérer une journée. Décorer de petits fruits frais et d'un filet de chocolat fondu.

8 à 10 portions

Par portion (152 g), calories 440, lipides totaux 33 g, lipides saturés 20 g, cholestérol 85 mg, sodium 350 mg, glucides totaux 29 g, fibres 2 g, sucres 10 g, protéines 10 g

VIN SUGGÉRÉ :

TAYLOR FLADGATE®

10

YEAR OLD TAWNY PORT · PORTO

Aged for 10 years in wood

20% alc./vol. 750 ml

Taylor Fladgate
10 Year Old Tawny Port
Représenté par :
Les Agences Whitehall

petits fruits et chocolat

Insalata di fragole
con aceto balsamico
Salade de fraises au vinaigre balsamique

500 ml (2 tasses) de fraises fraîches coupées en quatre

30 ml (2 c. à soupe) de vinaigre balsamique vieilli

15 ml (1 c. à soupe) de jus de citron fraîchement pressé

50 ml (3½ c. à soupe) de sucre blanc

15 ml (1 c. à soupe) de vin italien moelleux,
Passito di Pantelleria (facultatif)

Poivre du moulin

Feuilles de menthe pour la décoration

Mettre les fraises dans un bol. Ajouter le vinaigre balsamique, le jus de citron, le sucre et le vin, le cas échéant. Mélanger doucement pour combiner le tout. Couvrir et laisser reposer à la température ambiante pendant environ 1 heure.

Diviser dans 6 bols à dessert et saupoudrer de poivre.

Décorer chaque portion de feuilles de menthe.

6 portions

Par portion (68 g), calories 50, lipides totaux 0 g, lipides saturés 0 g, cholestérol 0 mg, sodium 0 mg, glucides totaux 12 g, fibres 1 g, sucres 11 g, protéines 0 g

VIN SUGGÉRÉ :

Passito di Panteleria BEN RYÉ
Donnafugata
Représenté par : Maxxium

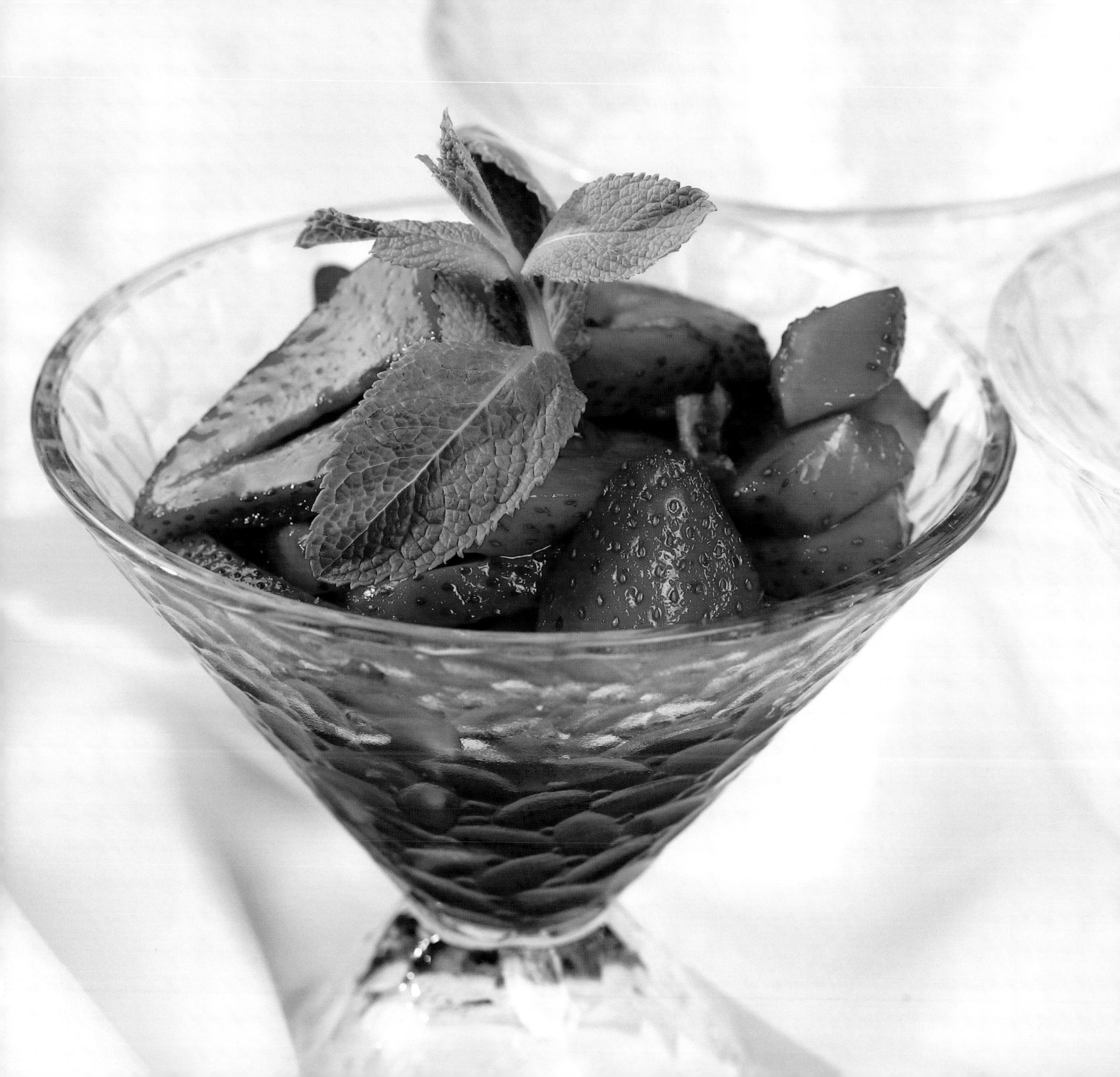

Menthe et citron

1. **40 Westt & Towne Hall :** Premier chef Stefanos Hinoporos 2. **40 Westt :** Chef Gerson Lemus 3. **Pintxo :** Chef Alonso Ortiz Avila 4. **Fairmount Tremblant :** Premier chef Daniel Tobien 5. **Fairmount Tremblant :** Sous-chef Ken Coderre 6. **Ferreira :** Chef Marino Tavares 7. **Queue de Cheval :** Maître boucher Gavino D'iglio 8. **Queue de Cheval :** Premier chef Stéphane Dumas 9. **Queue de Cheval :** Chef de cuisine Michael Cologgi 10. **Primo & Secondo :** Chef Roberto Stabile 11. **Il Mulino :** Premier chef Tony Derose 12. **Il Mulino :** Chef pâtissier Annie Laliberté 13. **Il Mulino :** Chef Gabriel Berlinguet 14. **Il Mulino :** Chef David Zaccardi 15. **La Louisiane :** Chef Sean Hayes 16. **Le Club Chasse et Pêche :** Chef pâtissier Masami Waki 17. **Le Club Chasse et Pêche :** Chef François Cadieux 18. **Le Club Chasse et Pêche :** Chef de cuisine Claude Pelletier 19. **Prima Luna :** Assistant Chef Orazio Conetta 20. **Prima Luna :** Assistant Chef Jian Carlo Farella 21. **Prima Luna :** Premier chef Andrea Dell'Orefice 22. **Milos :** Chef George Spiliadis 23. **Le Gourmand :** Chef Michael Oliphant 24. **Lucca :** Chef Adelino Domingues 25. **Maestro S.V.P. :** Chef Yves Therrien 26. **Trinity :** Chef John Zoumis 27. **Mount Stephen Club :** Chef Frank Barbusci 28. **Towne Hall :** Sous-chef Angelo Baggio 29. **Towne Hall :** Chef pâtissier Spyros Samidas 30. **Le Renoir :** Chef Deff Haupt 31. **Le Renoir :** Sous-chef Julien Montagne 32. **Le Renoir :** Chef pâtissier Pascal Thouvenot 33. **YoYo :** Chef Bernard-Simon Catafard 34. **Taverne sur le Square :** Chef Stephen Leslie 35. **Vino Rosso :** Chef Bruno Varano 36. **Vino Rosso :** Chef Nick DeRubertis

Au fil des saveurs

Linguine aux Poireaux et Palourdes *(Linguine con Porri e Vongole Veraci)*

Ingrédients:

2 lbs palourdes

3 poireaux moyens

2 tasses vin blanc

2 gousses d'ail

1/4 tasse huile d'olive extra vierge

1 feuille de laurier

2 c. à table de beurre

4 c. à table persil italien, émincé

Sel de mer et poivre noir fraîchement moulu au goût

1 boite (500 gr) **BARILLA** *Linguine*

Barilla

Faire **TREMPER** les palourdes dans l'eau pour 1 heure avec sel de mer. Rincer. Faire **BOUILLIR** de l'eau dans une grande casserole. Faire **SAUTER** l'ail émincé dans une poêle avec l'huile d'olive. **AJOUTER** palourdes, feuille de laurier et vin. Recouvrir et faire cuire les palourdes. Enlever une moitié des coquilles. Faire **FONDRE** du beurre dans une poêle séparée. Ajouter les poireaux et cuire pour 3 à 4 minutes. Assaisonner avec poivre noir et sel. **AJOUTER** poireaux dans la poêle avec palourdes et mijoter pour 1 minute. Faire **CUIRE** les pâtes 2 minutes de moins selon le mode de cuisson sur l'emballage et égoutter. **AJOUTER** les pâtes à la sauce. Assaisonner au goût avec persil émincé.

Les Produits Alimentaires Sager est l'importateur canadien exclusif des produits Barilla.

IL Y A PLUSIEURS PENNE MAIS UN SEUL DE CECCO.

Depuis 1887, De Cecco produit des pâtes de qualité supérieure, reconnues à travers le monde par les amateurs de pâtes et les grands chefs pour leur goût exceptionnel et leur consistance parfaite après la cuisson. Il y a plusieurs sortes de pâtes mais un seul De Cecco.

Soyez assurés que dans cette boîte bleue réputée, vous y trouverez de délicieuses pâtes de qualité première importée de l'Italie.

DE CECCO®
"Il n'y a qu'une De Cecco"

www.dececco.it
Pour information : 1-888-IDFOODS
www.idfoods.com

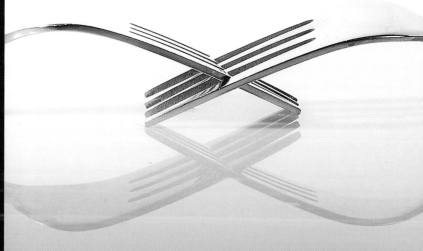
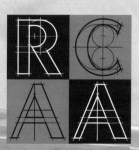

Centre universitaire de santé McGill
McGill University Health Centre
Les meilleurs soins pour la vie
The Best Care for Life

COMPLIMENTS DE

MONIT

ALEX KOTLER
&
BARRY KOTLER

EILEEN FISHER

FIER DE SUPPORTER
LA MISSION SANTÉ DE LA FEMME DU CUSM

CONSORTIUM D'ENTREPRISES

Planification - Organisation
Supervision - Logistique
Gestion de projets et de relocalisation
Déménagement

ET

**CFG GESTIONNAIRE
EN RELOCALISATION**
Courtiers en environnement de bureau
8572, boul. Pie-IX
Montréal, Québec
H1Z 4G2
Tél. : 514-729-5301
Fax. : 514-322-9920

PROJEXPACE Inc.
Spécialiste en relocalisation
5150, rue Quevillon
St-Hubert, Québec
J3Y 2V4
Tél. : 450-656-5998
Fax. : 450-656-8761

**Nous sommes fiers de participer
à la mission Santé des femmes du CUSM**

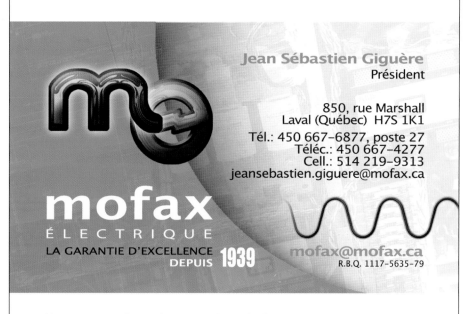

Jean Sébastien Giguère
Président

850, rue Marshall
Laval (Québec) H7S 1K1
Tél.: 450 667-6877, poste 27
Téléc.: 450 667-4277
Cell.: 514 219-9313
jeansebastien.giguere@mofax.ca

mofax
ÉLECTRIQUE
LA GARANTIE D'EXCELLENCE
DEPUIS **1939**
mofax@mofax.ca
R.B.Q. 1117-5635-79

Nous sommes fiers d'être associés au CUSM et c'est avec joie que nous contribuons au succès de la mission Santé des femmes.

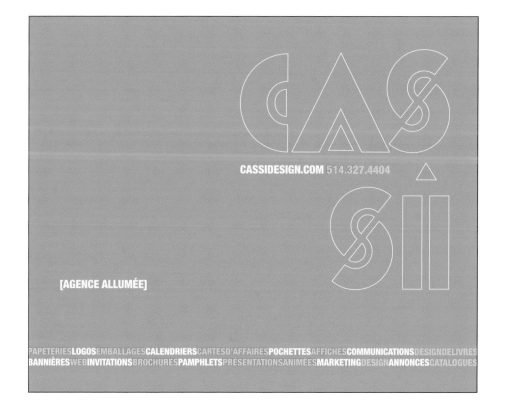

CASSIDESIGN.COM 514.327.4404

[AGENCE ALLUMÉE]

PAPETERIES**LOGOS**EMBALLAGES**CALENDRIERS**CARTESD'AFFAIRES**POCHETTES**AFFICHES**COMMUNICATIONS**DESIGNDELIVRES
BANNIÈRES**WEB**INVITATIONS**BROCHURES**PAMPHLETS**PRÉSENTATIONSANIMÉES**MARKETING**DESIGN**ANNONCES**CATALOGUES

TECSULT

N. SANI CIE LTÉE

Westcliff Group

SITE ALPHA INC.

MAIN (1996)
Matériaux de Plomberie
et Chauffage Inc.

LA FAMILLE COLA

B. Kaplan Construction Inc.

Claridge Inc.

À mon oncle, Mehmet Yavuz, qui m'a initié
et m'a inspiré à devenir photographe.
Fahri Yavuz, photographe

ROCHE Ltée, Groupe-Conseil